Ein Wort zuvor

Selbermachen – ein Hobby, das heute für Millionen zur sinnvollen Freizeitbeschäftigung geworden ist. Ob es sich nun um eine moderne Einrichtung oder um rustikal gestaltete Räume handelt, mit etwas Geschick und einer fachmännischen Anleitung lassen sich oft verblüffende und ansprechende Ergebnisse erzielen: bei kleineren Tischler- und Drechselarbeiten, bei größeren Möbelstücken und beim figürlichen Schnitzen.

Und Selbermachen bringt Spaß. Freude an der eigenen Arbeit, deren Ergebnis man Tag für Tag sehen und »bewundern« kann; es spart Geld, mit dem sich langgehegte Wünsche erfüllen lassen, und es macht unabhängig von Handwerkern, auf die man womöglich wochenlang und schließlich vergeblich gewartet hat.

Fachgeschäfte, Heimwerker- und Baumärkte versorgen den Hobbyhandwerker mit allen Werkzeugen und Materialien, die er braucht. Doch richtiges Werkzeug und Begeisterung allein reichen nicht aus. Unerläßlich sind eine gründliche Vorbereitung und Fachkenntnisse, wie eine Arbeit durchzuführen und was dabei zu beachten ist.

COMPACT-PRAXIS **Selbst tischlern, drechseln und schnitzen** zeigt, wie man's macht. Mit wertvollen Tips und Tricks, die sich in der Praxis tausendfach bewährt haben. Jeder Arbeitsgang wird ausführlich Schritt für Schritt gezeigt und in Bild und Text erläutert. Übersichtliche Symbole zeigen auf einen Blick, mit welchem Schwierigkeitsgrad, welchem Kraft- und Zeitaufwand Sie bei jedem Arbeitsgang rechnen müssen, welche Werkzeuge Sie brauchen und wieviel Geld Sie durch Ihre eigene Arbeit einsparen können.

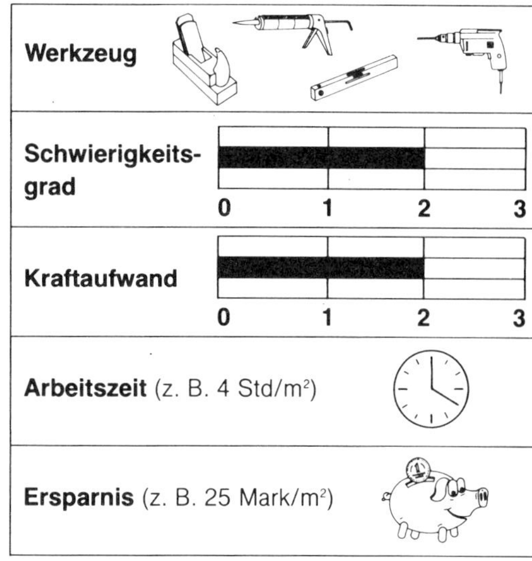

Und so stufen S

Schwierigkeits
Ungeübte ausf
handwerkliches

Schwierigkeitsg
Übung im Umg … Material erfordern. Es ist handwerklich durchschnittliches Geschick notwendig.

Schwierigkeitsgrad 3 – Arbeiten, die fachmännische Übung erfordern. Überdurchschnittliches Geschick ist erforderlich.

Kraftaufwand 1 – leichte Arbeit, die jeder bequem erledigen kann.

Kraftaufwand 2 – Arbeiten, die eine gewisse körperliche Kraft voraussetzen.

Kraftaufwand 3 – Arbeiten für kräftige Heimwerker, die keine »Knochenarbeit« scheuen.

Inhaltsverzeichnis

Inhalt

Richtiger Holzeinkauf

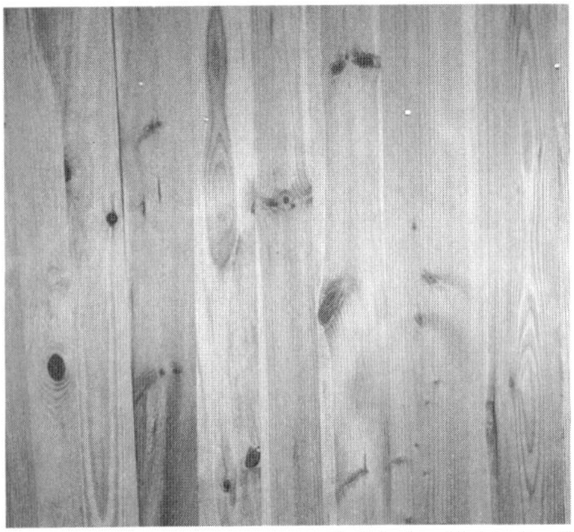

Verleimtes Fichtenbrett

Stehende Kernholzbretter

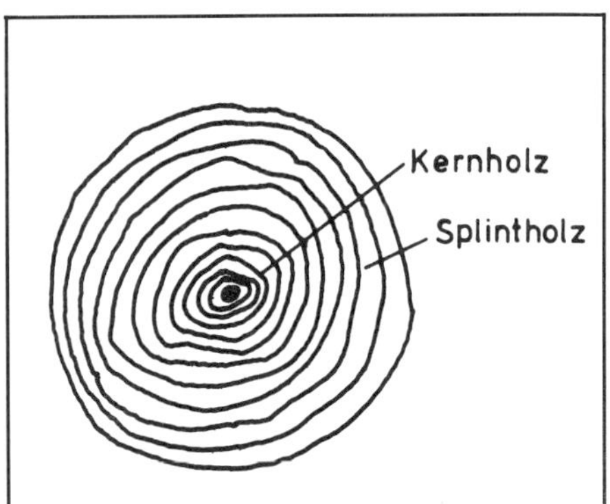

Stamm im Querschnitt

Holzauswahl:
Für einfache Möbelstücke (Regale, Beistelltische usw.) lassen sich fertig verleimte Fichtenbretter aus dem Heimwerkermarkt verwenden. Zum Schreinern, Drechseln und Schnitzen sind diese in Standardmaßen verleimten Bretter nicht geeignet. Entweder haben Sie zuviel Verschnitt oder die Maserung ist so unterschiedlich, daß sie den Gesamteindruck des Möbelstücks stört, anstatt ihn zu verstärken.
Es ist ein großer Vorteil, die Planung von Anfang an selbst in die Hand zu nehmen, auch wenn Sie Ihr Holz vom Tischler herrichten lassen. Dazu gehört auch die Auswahl und das Ausmessen des Holzes.
Der Kauf beim Holzhändler erfordert einiges an Umsicht und Fachwissen, darum sollten Sie in erster Linie genügend Zeit mitbringen und sich auch vom Verkäufer nicht zu schnellen Entschlüssen drängen lassen.
An Holz, das beim Tischlern verarbeitet wird, müssen Sie die höchsten Ansprüche stellen. Ideales Möbelholz hat zwischen 8 und 12 Prozent Feuchtigkeitsgehalt. Wenn Sie zuwenig Erfahrung haben, um anhand von Gewicht und Oberfläche prüfen zu können, wie trocken das Holz ist, müssen Sie sich auf den Verkäufer oder ein Hydrometer (Feuchtigkeitsmeßgerät) verlassen.
Bretter, die von Bäumen stammen, die stark vom senkrechten Wuchs abgewichen sind, scheiden grundsätzlich aus. Suchen Sie nach Möglichkeit astlose Kernholzbretter mit stehenden Jahresringen aus, die eine gesunde Färbung zeigen – keine Verblauung oder Stockflekken von schlechter Lagerung. Auch am charakteristischen Geruch erkennen Sie gesundes Holz.
Jahresringe bilden sich aufgrund des Jahreszeitenwechsels. Im Frühjahr erfolgt der stärkste Stammzu-

wachs. Da bilden sich weite Zellen mit dünnen Wänden, es entsteht das helle Frühholz. Im Sommer und Herbst werden die Zellen durch langsameres Wachstum kleiner. Sie sind dickwandiger, härter und dunkler gefärbt. Dieser unterschiedliche Aufbau der Holzzellen und ihre ringförmige Schichtung verursachen die Verformung des Holzes, die man als »werfen« bezeichnet. Ausgelöst wird dieser Vorgang durch die unterschiedliche Feuchtigkeit von Luft und Holz. Bei der Trocknung gibt das Holz so lange Wasser ab, bis der unterschiedliche Feuchtigkeitsgehalt ausgeglichen wurde. Dabei schrumpfen die Zellwände, das Holz schwindet. Im umgekehrten Fall, wenn also die Luft feuchter ist als das Holz, nimmt dieses Feuchtigkeit auf und quillt auf. Die unterschiedliche Zellstruktur des Holzes bewirkt das »Arbeiten« der Bretter, das im Bereich des Kerns unbedeutender ist als im Splint.

Äste sind im Holz nicht zu vermeiden. Sie können aber darauf achten, daß sie nicht allzu groß und zahlreich sind. Vermeiden Sie Flügel-, Doppel- und Kantenäste.

Eine fehlerhafte Wuchsform ist zu erkennen, wenn das Brett auf 1 m Länge mehr als 1 cm an Breite verliert. Besonders beachten müssen Sie den Wimmerwuchs. Er kann bei allen Holzarten auftreten. Dabei verlaufen die Jahresringe in konzentrischen Wellenlinien. Besonders beim Hobeln und bei der anschließenden Oberflächenbehandlung ist das ein Nachteil und macht sehr viel Arbeit. Wimmriges Holz, das aber zu Furnieren geschnitten wurde, ist beliebt, weil es mit Schellack poliert eine interessante Oberfläche für Stilmöbel abgibt.

Drehwüchsiges Holz, man erkennt es nach dem Schneiden noch an der gewellten Rindenkante, wird in die unterste Qualitätsstufe eingeordnet. Es verzieht und verwindet sich immer wieder. Auch zur Bearbeitung beim Schnitzen oder Drechseln ist es nicht geeignet.

Zum Schnitzen und Drechseln können Sie auch weniger wertvolles Holz kaufen. Am besten ist es, Sie haben eine Liste mit den genauen Maßen Ihres Werkstücks dabei und können sich so das geeignete Holz aussuchen. Geben Sie immer einige Zentimeter dazu und kaufen Sie lieber ein Brett mehr.

Stockflecken

Drehwuchs

Rissiges Holz

Wimmerwuchs

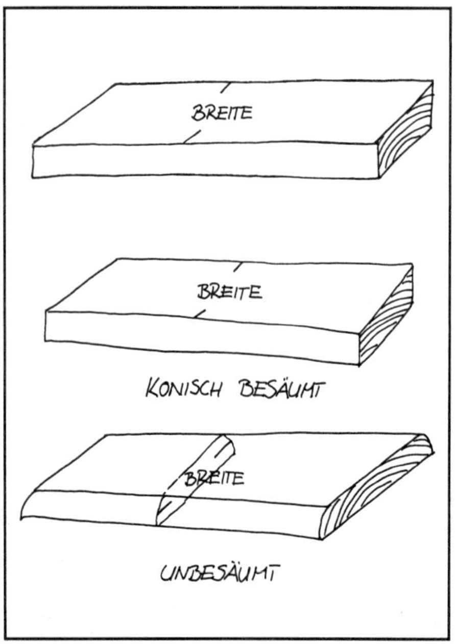

Holzberechnung

Für Drechsler haben Holzhändler oft kurze Abfallstücke hergerichtet, die auch preisgünstig zu erhalten sind. Wenn Sie die Wahl haben, nehmen Sie Holz ohne Risse, denn diese stellen beim Drechseln eine Unfallgefahr dar. Zu bedenken ist noch, daß nicht genügend getrocknetes Holz nach der Verarbeitung vom Drechsler durch unterschiedliche Schwundmaße Risse bekommen oder oval werden kann.

Der Einkauf von Schnitzholz ist relativ einfach. Da zum Schnitzen meist kleinere Stücke genügen, ist es leicht, Risse und Äste zu umgehen. Achten Sie auch hier wieder darauf, daß das Holz frei von Dreh- und Wimmerwuchs ist: diese beiden Fehler machen zwar Schnitzholz nicht unbrauchbar, aber sie erschweren unnötig die Arbeit.

Meistens gibt es auch keine Probleme, wenn das Holz erst frisch eingeschnitten wurde und einen hohen Feuchtigkeitsgehalt hat. Da während des Schnitzens sehr schnell das Volumen abnimmt und Reliefschnitzereien auch sehr dünn gearbeitet werden, entstehen meist keine Schwundrisse. Selbst bei figürlichem Schnitzen ist es möglich, mit nassem Holz zu arbeiten, wenn während der Bearbeitungspausen das Werkstück mit Plastikfolie abgedeckt und allzu schnelles Trocknen verhindert wird.

Beim Messen und Berechnen des Schnittholzes werden Längen-, Breiten- und Dickenmaße genommen und das Volumen errechnet. Es lohnt sich, wenn Sie beim Abmessen besonders aufmerksam sind. Eine allzu großzügige Maßaufnahme multipliziert sich sehr schnell und schlägt sich natürlich im Preis nieder, der nach Kubikmetern berechnet wird.

Die Länge des Schnittholzes wird am kürzesten Abstand zwischen den Hirnholzenden gemessen. Achten Sie darauf, daß tiefe Risse von beiden Seiten her von der Länge abgerechnet werden müssen.

Die Breite ist an parallel besäumten Brettern an beliebiger Stelle zu messen, bei nicht besäumter Ware in der Mitte. Die schmale und die breite Seite bilden einen Mittelwert, mit dem Sie ziemlich zuverlässig arbeiten können.

Zum Schreinern sollten Sie Holz der Güteklasse 1 oder

2 verwenden. Mit billiger Ware sparen Sie zwar Geld, haben aber mehr Verschnitt und sicher auch genug Ärger, wenn das Holz nach dem Hobeln nicht Ihren Ansprüchen entspricht.

Stückliste erstellen

Haben Sie sich entschlossen, ein Möbelstück selbst zu bauen, müssen Sie erst einmal darangehen, den Bedarf an Material zu ermitteln. Alle nötigen Hölzer werden auf einer Stückliste notiert. Dazu ist es nötig, eine maßgenaue Zeichnung anzufertigen, anhand der Sie auch entscheiden, welche Verbindungen zwischen den einzelnen Teilen nötig sind.

Diese Liste benötigen Sie bereits beim Holzhändler, um genügend lange und in der Breite günstige Bretter aussuchen zu können.

Anhand der Zeichnung sind alle Teile in gleicher Maßfolge (Länge, Breite, Stärke) und in Zentimetern angegeben untereinanderzuschreiben. Außerdem notieren Sie, wie oft jedes Teil gebraucht wird.

Als Länge wird immer die Strecke längs des Faserverlaufs bezeichnet. In dieser Richtung hält das Holz die größten Belastungen aus und sollte auch entsprechend verwendet werden. Die Breite werden Sie in der Regel verleimen müssen, denn europäische Hölzer können nicht breiter als 20 cm verwendet werden, weil sie schwinden und sich werfen. Tropisches Holz arbeitet kaum und kann bis zu 40 cm Breite verarbeitet werden. Die Wahl der richtigen Stärke ist wichtig, da sie entscheidend das Erscheinungsbild des Möbelstücks prägt.

Beim Kauf beachten Sie, daß beim Hobeln 5 mm der Stärke wegfallen. Wählen Sie ein dünnes Brett mit 20 mm oder gar nur 18 mm, wird Ihr Möbelstück sehr zierlich, eventuell auch unstabil erscheinen. Starke Hölzer wirken rustikal oder auch derb. Bei einer soliden Plattenkonstruktion wird eine Holzstärke von 22 bis 30 mm verwendet. Bei Möbeln mit gedrechselten Füßen usw. benötigen Sie natürlich verschiedene Holzstärken.

Mit einer Stückliste können Sie leicht Ihr Holz kaufen und auch selbst darangehen, es herzurichten. Doch auch der Tischler kann nach diesen Angaben in der Regel gut arbeiten.

Notwendiges für die Stückliste

Auswahl des Holzes

Verschiedene Holzstärken

Die vielfältigen Möglichkeiten der Drechselbank

Die Drechselbank ist eine der ersten Maschinen, die im Handwerk eingesetzt wurde. Früher waren die Maschinen so gebaut, daß der Drechsler selbst mit dem Fuß ein Schwungrad antrieb, mit dem er auch die Geschwindigkeit regeln konnte. Heute gibt es sie in den verschiedensten Ausführungen, die zum Teil auch für den Heimwerker erschwinglich sind.

Moderne Maschinen werden mit Elektromotoren angetrieben, bei denen verschiedene Antriebsgeschwindigkeiten gewählt werden können. Unter der Vielzahl von Modellen gibt es auch solche Vorrichtungen, die mit einer guten Bohrmaschine mit Geschwindigkeitsregler betrieben werden können. Natürlich sind die Möglichkeiten einer solchen Lösung sehr begrenzt und der Kauf sehr zu überlegen. Schon aus Sicherheitsgründen können bestimmte Längen und Stärken bei Werkstücken nicht überschritten werden. Mehr Möglichkeiten bietet Ihnen eine Holzdrehbank mit stabilen, gegossenen Wangen, die auf einem festen Tisch montiert ist. Ein wichtiger Bestandteil ist der Spindelkasten. In ihm befinden sich der Maschinenantrieb und

Drechselbank

die Spindel mit dem Vierzack oder auch eine vergleichbare Vorrichtung zum Einspannen des Werkstücks.

Bei teuren Maschinen sind die Geschwindigkeitsregler im Spindelkasten untergebracht. Andere, preisgünstigere, haben dafür einen Riemen, der umgelegt werden kann und sich in einem Antriebskasten befindet.

Der Reitstock ist das verschiebbare Teil auf den Wangen der Drechselbank. Er wird gebraucht, um Langholzarbeiten einzuspannen.

Die Werkzeugauflage ist ebenfalls auf der Wange befestigt. Sie ist nötig, damit Sie das Werkzeug fest auflegen und sicher arbeiten können. Auflagen gibt es in verschiedenen Formen und Größen. Fürs erste genügt die serienmäßige Ausführung, um Querholz zu drehen oder für besonders lange Werkstücke sind rechtwinklige oder überlange Werkzeugauflagen von Vorteil.

Für Arbeiten mit Querholz, also zum Drechseln von Schalen, Dosen usw., ist verschiedenes Zubehör zum Aufspannen nötig. Es gibt drei Möglichkeiten, Querholz fliegend zu drehen:

- Mit einem Scheibenfutter mit Holzschraube: Dabei wird in das Holz ein Loch gebohrt und dann auf das Futter aufgeschraubt. Nach der Fertigstellung bleibt das Loch zurück, was natürlich nur selten erwünscht ist.
- Die bessere Möglichkeit ist das Einschlagfutter. Es hat einen nach innen enger werdenden Konus, in den das Werkstück eingeschlagen wird. Bei einer Schale wird zuerst die Unterseite gedrechselt und passend zum Futterkonus zugerichtet.
- Das Dreibackenfutter wird hauptsächlich in der Metalldreherei verwendet, ist aber auch in der Drechslerei sehr praktisch. Wenn die drei Backen gespannt werden, wird das Werkstück automatisch zentriert. Bei allen anderen Spannvorrichtungen müssen Sie das Holz selbst nach Gefühl einrichten.

Um das Rotationsprinzip einer Drechselbank ganz ausnützen zu können, gibt es einige Zusatzvorrichtungen zu kaufen, die zum Schreinern, Schnitzen und auch Eisenschleifen sehr nützlich sind. Mit ein bißchen Geschick können Sie diese auch selbst bauen. So ist zum

Scheibenfutter

Einschlagfutter

Dreibackenfutter

Beispiel eine Schleifwalze oder -scheibe sehr hilfreich. Mit einer solchen Vorrichtung können Sie kleine oder profilierte Teile gut bearbeiten.

Auch zum Schleifen von Werkzeugen läßt sich die Drechselbank gut verwenden. Wenn Korund, Gummi und Lederscheiben auf einer Achse montiert werden, die zum Einspannen geeignet ist, können Sie schleifen und polieren.

Zu der Drechselbank benötigen Sie natürlich noch das spezielle Drechslerwerkzeug. Mit diesen sieben verschiedenen Eisen, die zum Drechseln nötig sind, können Sie alle erhöhten und vertieften Formen drehen.

Der Schlichtstahl (1. und 2. von links) wird zum Abnehmen eines dünnen Spans von einer größeren Fläche verwendet. Er muß, wenn er gebraucht wird, sehr gut geschliffen sein. Mit richtig angewandter Technik ist das Holz nach dem Schlichten so glatt, daß es kaum mehr nötig ist, mit Schleifpapier nachzuarbeiten.

Die Schrupppröhre (3. von links) wird gebraucht, um den eckigen Rohling zu einem Zylinder zu formen. Die Röhre ist ein sehr robust geschmiedetes Werkzeug, das immer dann verwendet wird, wenn ein großer Span weggenommen wird oder viel Material abzutragen ist.

Die Formröhre (4. von links) ist etwas schmaler und zierlicher als die Schrupppröhre und wird zum Drehen von konkaven und konvexen Formen gebraucht.

Absetzstähle sind für tiefgesetzte Kanten, Platten und Kerben geeignet (1. bis 3. von rechts).

Drechslerwerkzeug

Gedrechselter Teller aus Teakholz

Gerade Eisen verschiedener Breite

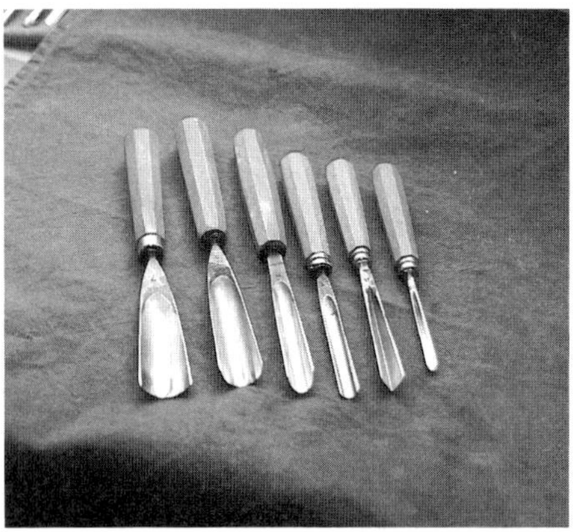
Hohleisen, Bohrer, Geißfuß

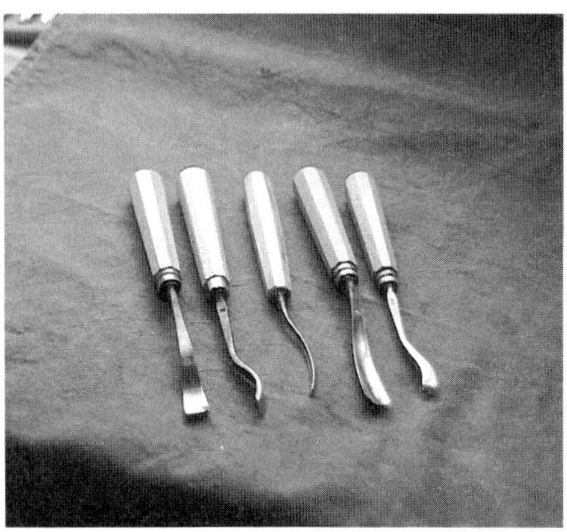
Eisen gebogen und gekröpft

Überblick über Schnitzwerkzeug und Fachbegriffe

Aus der Vielzahl der Bildhauerbeitel – es gibt an die 900 verschiedene Formen und Größen – ist es für den Anfänger schwierig, die richtige Wahl zu treffen. Der Holzschnitzer arbeitet in der Regel, wenn keine besonders schwierigen Formen zu bearbeiten sind, mit 20 bis 30 Schnitzeisen. Für den Anfänger genügen, wenn er zuerst den Kerbschnitt üben und ausarbeiten will, 6 bis 8 Stechbeitel. Für einfache oder schwierigere Relief- oder vollplastische Arbeiten wird ein Sortiment von 12 bis 15 verschiedenen Bildhauerbeiteln notwendig sein.

● Die Schnittbreite, d. h. die Breite der Werkzeugschneide, ist in Abständen von 2 mm gestaffelt. Die Schneide kann bis zu 40 mm breit sein, das ist von Hersteller zu Hersteller verschieden. Breitere Eisen sind auch erhältlich, aber sie werden dann Tiroler oder Schweizer Eisen genannt, sind konisch geformt und wesentlich stärker und stabiler geschmiedet.

● Die Form oder das Querprofil ist in elf Nummern unterteilt. Es gibt Eisen mit flachem oder gewölbtem Profil. Zudem verwendet man Eisen mit V-förmiger Schneide, den sogenannten Geißfuß. Er wird mit drei verschiedenen Winkeln hergestellt.

● Als dritter Unterscheidungspunkt ist das Längsprofil zu nennen. Es kann gerade, gebogen, gekröpft oder verkehrt gekröpft sein. Die geraden Eisen sind das Universalwerkzeug des Schnitzers. Es ist, wenn es nicht allzu schmal ist, ein robustes Werkzeug, das zu groben Arbeiten genauso verwendet werden kann wie auch zum Sauberschneiden.

Die abgebildeten Stiche in Breite und Form geben einen Überblick. Als Stich wird immer der Abdruck bezeichnet, den ein Bildhauerbeitel beim senkrechten Einstechen in das Holz hinterläßt.

Die Bezeichnung für Eisen mit geradem Stich lautet Balleisen. Diese werden hauptsächlich zum Kerbschnitzen und zum Glätten von geraden Flächen benötigt. Balleisen gibt es gerade und schräg angeschliffen.
Als Flacheisen werden Werkzeuge mit den Stichnummern 3 bis 5 bezeichnet. Sie sind die am häufigsten verwendeten Eisen und werden in möglichst vielen Breiten benötigt. Flacheisen werden sowohl zum Anlegen als auch besonders zum Sauberschneiden und Ausmodellieren von Formen verwendet.
Hohleisen bezeichnen die Stichnummern 6 bis 11. Bei Stichnummer 11 stehen die Wangen des Eisens senkrecht, so daß es ein U bildet. Ab einer bestimmten Breite sind Hohleisen sehr robust und gut dazu geeignet, mit ihnen größere Mengen Material wegzuarbeiten. Mit dem richtigen Heft hält es auch sehr kräftige Klüpfelschläge aus, ohne daß dieses zersplittern und Sie gegebenenfalls verletzen könnte.
Der Geißfuß in den drei verschiedenen Ausführungen ist das am schwierigsten zu handhabende Werkzeug des Bildhauers. Wenn die beiden Wangen verschieden stark sind, der Winkel nicht in der Mitte liegt oder das Eisen in sich verdreht ist, ist es für den Bildhauer fast unmöglich, das Werkzeug zu schärfen. Deshalb sollten

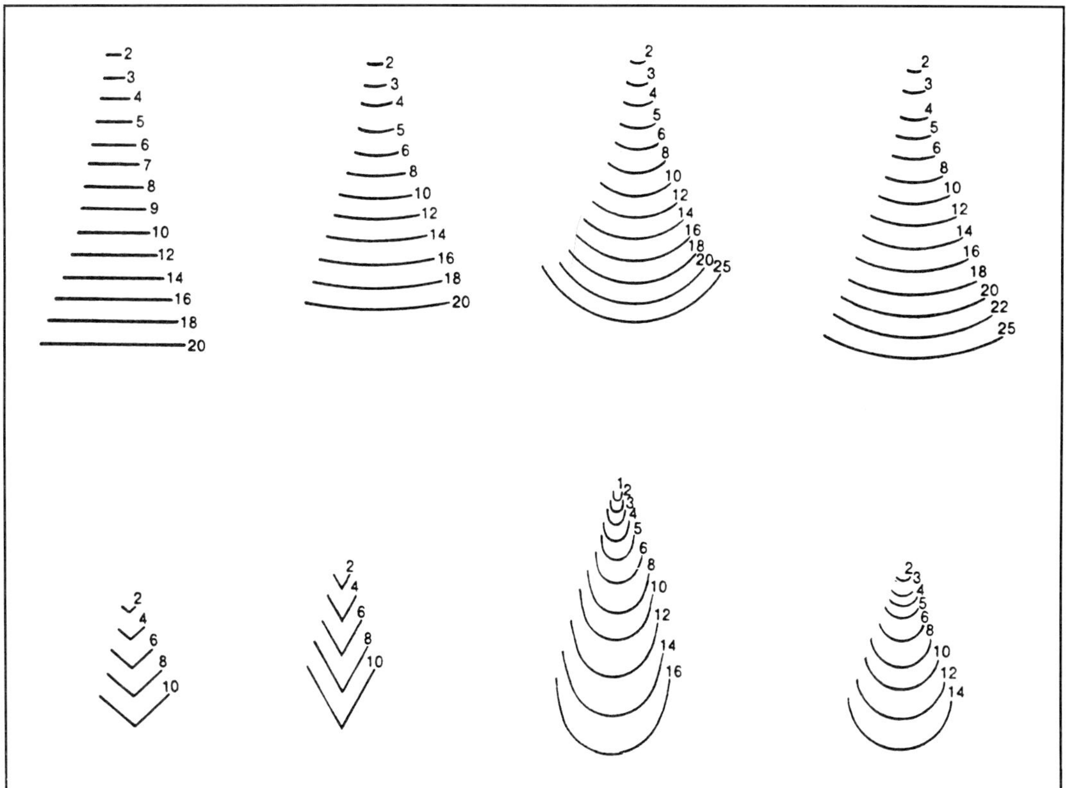

Die wichtigsten Stichbreiten und -formen

Schreinerklüpfel

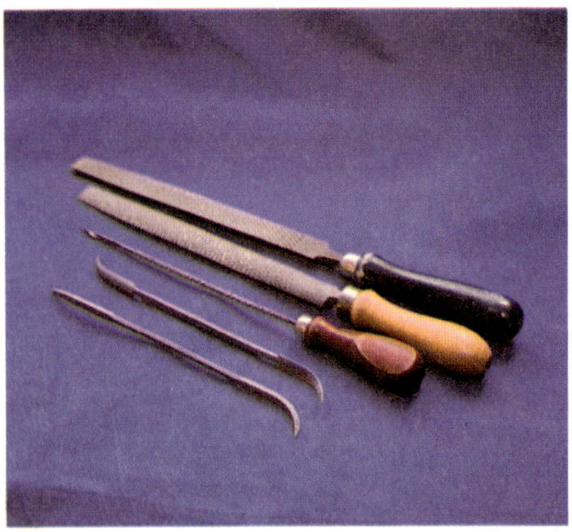

Raspeln

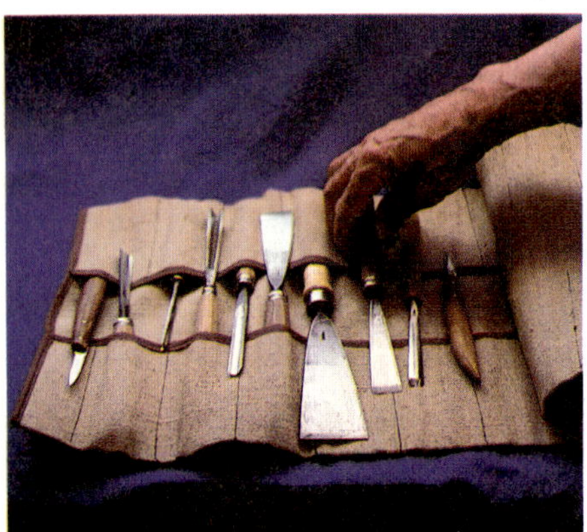

Geeignete Werkzeugtasche

Sie dieses Eisen beim Kauf besonders aufmerksam aussuchen. Beitelhefte gibt es in verschiedenen Formen. Dabei kann nicht eine gedrechselte oder sechskantige Form empfohlen werden. Mit welcher Grifform Sie am besten zurechtkommen, ist mehr oder weniger eine Sache der Gewohnheit.

Zur wesentlichen Arbeitserleichterung dient der Klüpfel. Er sollte den Kräften des Bildhauers angemessen gekauft werden. Wenn es Mühe kostet, den Klüpfel zu heben, kann gleich alles von Hand geschnitzt werden und er hat seinen Zweck verfehlt. Probieren Sie mehrere Größen und Holzarten aus, bevor Sie sich entscheiden.

Eine weitere Ergänzung zum Bildhauerwerkzeug sind die Bildhauerraspeln. Sie werden hauptsächlich zum Glätten und Runden verwendet, nachdem der größte Teil des Materials weggearbeitet ist. Beim Kauf von Raspeln sollten Sie auf gute Qualität achten, die natürlich auch teurer ist. Eine solche Anschaffung lohnt sich aber in jedem Fall, gute Raspeln sind wesentlich robuster und langlebiger. Billiger Stahl ist nach der ersten Bearbeitung von Hartholz bereit abgenützt.

Für alle Werkzeuge gilt, daß die sorgsame Aufbewahrung die Lebensdauer erheblich erhöht. Bildhauereisen werden in speziellen Werkzeugtaschen, die Sie leicht selbst nähen können, aufbewahrt. Jedes Eisen steckt in einem Fach, und vor dem Zusammenrollen der Mappe wird ein Tuch übergelegt. Das verhindert, daß die Eisen zusammenstoßen können. Eine ähnliche Mappe ist auch für die Raspeln nötig.

Wenn Sie die Eisen längere Zeit nicht mehr gebrauchen, müssen sie mit einem öligen Lappen abgerieben werden. Bei ungünstiger Lagerung bilden sich leicht Rostflecken, die mühsam entfernt werden müssen.

Wenn Sie die Wahl haben zwischen lackierten und rohen Griffen, wählen Sie die rohen. Diese verschmutzen zwar schneller, nehmen beim Arbeiten aber den Schweiß der Hand auf und sorgen so dafür, daß nicht so leicht Schwielen und Blasen entstehen. Kunststoffgriffe, die seit neuestem gleich an die Werkzeuge angegossen werden, sind nicht zu empfehlen. Größeren Belastungen ist dieses Material nicht gewachsen.

Allgemeine Vorschriften zur Unfallverhütung

Vor allem beim Umgang mit Holzbearbeitungsmaschinen sind die allgemeinen Unfallvorschriften zu beachten. Ein lebendiger Werkstoff wie Holz, der in seiner Beschaffenheit sehr verschieden sein kann, birgt bei der Bearbeitung mit schnellaufenden Maschinen Gefahren in sich. Gefahrenquellen werden immer wieder unterschätzt, Unfälle passieren leicht in einem Moment der Unachtsamkeit.

Wenn Sie zu Hause arbeiten, sorgen Sie dafür, daß Ihre Kinder keinen Zugriff zu Maschinen haben. Auch der Aufenthalt in Räumen, in denen mit Maschinen gearbeitet wird, ist nicht angebracht.

Schalten Sie jede Maschine aus, auch wenn Sie nur kurze Zeit weggehen. Entfernen Sie keine eingebauten Schutzvorrichtungen, um schneller arbeiten zu können. Vorsicht ist auch geboten, wenn Sie Geräte selbst reparieren. Beachten Sie immer die Herstellerhinweise.

Wichtig ist auch die richtige Arbeitskleidung. Weite oder zu lange Ärmel sind für die Arbeit ebenso ungeeignet wie große Ringe, Ketten und sonstiger Schmuck. Lange Haare sollten Sie zusammenbinden.

Bei der Bedienung von Stichsägen oder Oberfräsen müssen Sie darauf achten, daß Sie auf einem stabilen Tisch arbeiten, besser noch auf einer Hobelbank. Zum Fräsen müssen Sie alle zu bearbeitenden Teile festzwingen. Es ist nicht möglich, das Holz mit der Hand zu halten.

Wenn Sie besonders empfindlich gegen Staub sind, versuchen Sie einmal mit einer Staubmaske zu arbeiten. Das ist zwar nicht besonders angenehm, hält aber das gröbste zurück. Sorgen Sie für einen greifbaren Erste-Hilfe-Koffer, falls trotz aller Vorsicht etwas passieren sollte.

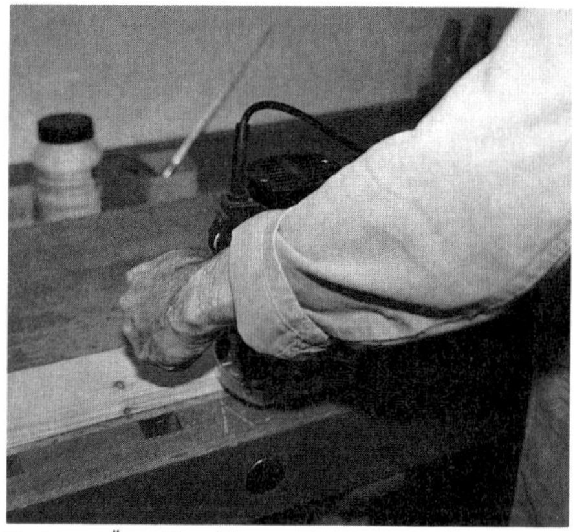

Zu lange Ärmel hochkrempeln

Werkstücke festzwingen

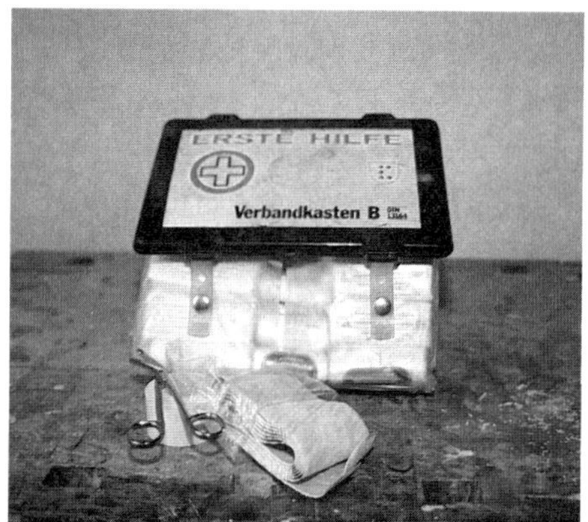

Erste-Hilfe-Koffer

Europäische Nadelhölzer

Fichte

Kiefer

Zirbel

Um eine Übersicht über die verschiedenen Hölzer, ihre Eigenschaften und häufigsten Verwendungen zu geben, sind hier die wichtigsten Nadelhölzer zusammengefaßt:

Fichtenholz hat eine gelblichweiße bis rötlichweiße Farbe, gehobelte Längsschnittflächen glänzen seidig. Die Astquerschnitte sind meistens oval. Fichtenholz läßt sich gut trocknen, es ist leicht, elastisch und fest, gut zu bearbeiten, leicht zu beizen und zu imprägnieren. Nachteilig sind die Harzgallen, die ausgekratzt oder ausgebrannt werden müssen, da sie sonst bei der Oberflächenbearbeitung durchschlagen.

Kiefernholz hat in frischem Zustand eine gelbliche bis rötliche Farbe. Der Splint ist verhältnismäßig stark und etwas heller als der Kern. Nach der Lagerung dunkelt das Kernholz stark nach. Es ist leicht zu bearbeiten, nur verschmiert der hohe Harzgehalt oft die Werkzeuge. Vor der Behandlung muß das Holz erst entharzt werden, sonst nimmt es die Beize nur ungleichmäßig an.

Zirbelkiefernholz hat einen gelblichen Splint, der sehr anfällig ist für Insektenbefall. Der Kern ist rötlichbraun und dunkelt an der Luft stark nach. Es läßt sich nur schlecht beizen oder imprägnieren. Meist wird Zirbelholz für Vertäfelungen und Schnitzereien verwendet.

Lärchenholz hat einen farblich sehr unterschiedlichen Kern, wodurch eine lebhafte Zeichnung entsteht. Gehobeltes Holz hat ein mattes bis glänzendes Aussehen. Vom Kiefernholz unterscheidet es sich durch den stark aromatischen, angenehmen Geruch. Es läßt sich ohne Schwierigkeiten gut beizen, die Verarbeitung macht in der Regel keine Probleme, auch wenn abholzige Ware gern splittert. Lärchenholz ist das beste europäische Nadelholz, es eignet sich für Möbel- und Innenausbau, außerdem wird es gern zu Furnieren geschnitten.

Europäische Laubhölzer

Laubhölzer sind immer härter als Nadelhölzer. Einige von ihnen werden deshalb auch als Harthölzer bezeichnet. Die Härte ist besonders bei der Bearbeitung zu spüren, bei der Verarbeitung können Sie sich die um vieles höhere Belastbarkeit zunutze machen.

Eichenholz hat einen gelbbraunen bis lederbraunen Kern und einen meist schmalen grauweißen Splint. So haltbar das Kernholz ist, der Splint ist sehr anfällig für Insekten- und Pilzbefall, so daß er nicht verwendet werden darf. Das Kernholz dunkelt stark nach. Die Poren zeigen sich im Radialschnitt als feine Rillen, die Markstrahlen als Spiegel. Eichen werden unterschieden in milde Arten, mit feinjährigem Wuchs auch Traubeneichen genannt, oder in grobe Eichen, wenn sie grobjährig sind. Der säuerliche Geruch verflüchtigt sich nur langsam. Eichenholz ist hart und schwer, es schwindet mäßig, muß aber dennoch langsam getrocknet werden. Die Güteklasse 1 wird zu wertvollen Möbeln und zu Furnieren verarbeitet.

Ahornholz hat eine weißliche bis gelbliche Farbe, wenn es zu lange lagert, wird es grau. Charakteristisch sind die Markstrahlen, die im Radialschnitt als glänzende Spiegel sichtbar sind. Das feinporige Holz ist dicht und zäh. Es schwindet mäßig, muß aber langsam getrocknet werden, sonst neigt es zum Reißen. Ahornholz läßt sich leicht bearbeiten, färben, beizen und polieren.

Kirschbaumholz hat einen rötlichweißen Splint und einen etwas dunkleren Kern, der bei längerer Lagerung nachdunkelt, die Markstrahlen sind als glänzende Spiegel sichtbar. Das Holz ist fest und feinfaserig, es läßt sich gut bearbeiten. Weil starke Stämme sehr selten vorkommen, ist es sehr teuer und wird meist nicht als Vollholz, sondern als Furnier verwendet.

Eiche

Ahorn

Kirsche

Tischlerholz

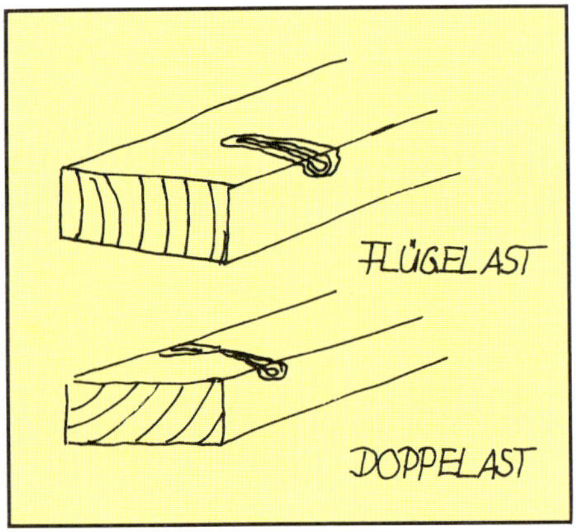

Häufige Astarten

Gefladerte Maserung

Geriegelte Maserung

Alle Holzarten, die zum Tischlern zu verwenden sind, werden begreiflicherweise hauptsächlich nach optischen Gesichtspunkten ausgesucht. Die natürliche Schönheit des Holzes kann von einem Tischler geschickt ausgenutzt werden. Allzu schnell ist aber auch durch gleichgültige Verwendung und Kombination aller möglicher Holzzeichnungen ein Möbelstück verdorben. Die Maserung des Holzes ist abhängig vom Verlauf der Jahresringe, ob Splintholz und Kernholz vorhanden sind, vom Faserverlauf sowie von den Markstrahlen. Je nach Faserverlauf, der sich aus dem Aufschnitt eines Stammes ergibt, spricht man von einer gestreiften, gefladerten, pyramidenförmigen, wimmrigen oder geriegelten Maserung. Der natürliche Glanz des Holzes entsteht, wenn das Licht an den Spiegelflächen der Markstrahlen reflektiert wird. Bei Holzarbeiten wie Eiche, Ahorn, Linde und Platane ist dies besonders ausgeprägt.

Für die Beurteilung des Holzes als Werkstoff ist es besonders wichtig zu wissen, ob es den zu erwartenden Belastungen standhält. Fichte ist ein Holz, das den geringsten Widerstand bei hoher Beanspruchung aufweist. Harthölzer sind viel belastungsfähiger. Für besonders kühne Konstruktionen ist es in jedem Fall besser, Hartholz wie Eiche, Ahorn oder Obsthölzer zu verwenden.

Holz ist ein hygroskopischer Werkstoff, er nimmt Feuchtigkeit auf und gibt sie ab. Dies bringt für den Handwerker einiges an Schwierigkeiten mit sich. Der Feuchtigkeitsgehalt des Holzes zum Zeitpunkt der Verarbeitung ist besonders wichtig. Möbelholz für Innenräume muß auf 12 bis 10 Prozent Feuchtigkeitsgehalt getrocknet sein, für Innenräume mit Zentralheizung auf

10 bis 8 Prozent. Bei Nichtbeachtung dieser Regel schwindet das Holz während der Bearbeitung oder danach. Schlimmstenfalls kommt es dann dazu, daß Türen nicht mehr schließen, Füllungen im Rahmen mehr Luft haben, als das Falzmaß noch zudeckt. Deshalb ist es ratsam, das Holz nach dem Kauf noch 2 bis 3 Wochen in einem mäßig warmen Raum zu lagern. Mit Zusicherungen des Holzhändlers bezüglich der Trockenheit empfiehlt es sich, immer vorsichtig zu sein. Wenn Sie Ihr Holz vom Schreiner zurichten lassen, fragen Sie, ob es nicht so lange bei ihm stehen kann.

Der Holzschwund beim Trocknen beginnt erst dann, wenn das freie Wasser, das sich in den Zellhohlräumen befindet und bei frisch gefälltem Holz diesen typisch starken Geruch nach Harzen, Wachsen und Säuren abgibt, verdunstet ist. Die Abgabe des in den Zellwänden gespeicherten Wassers geht sehr viel langsamer vor sich. Sie vollzieht sich in den äußeren Schichten schneller als in den inneren. Je stärker das Feuchtigkeitsgefälle zwischen Luft und Holz ist, desto schneller trocknet es. Mit dieser Abgabe beginnt auch der Schwund. Das Schwinden erfolgt nicht in alle Richtungen gleich. In Richtung des Faserverlaufs beträgt der Schwund ungefähr 0,1 bis 0,3 Prozent, in Richtung der Markstrahlen etwa 5 Prozent, in Richtung der Jahresringe etwa 10 Prozent. Diese Zahlen gelten mit wenigen Ausnahmen für alle europäischen Hölzer. Afrikanische oder tropische Arten schwinden kaum. Das Schwinden des Holzes verändert aber nicht nur das Volumen des Holzes, sondern auch seine Form. Bretter und Bohlen werfen sich stets so, daß die linke Seite, die dem Kern abgewandte, hohl wird. Aus dieser Tatsache ergibt sich die Regel für die Breiten- und Dickenverleimung: Splint an Splint und Kern an Kern. Soll ein Brett in sich stabil bleiben, stürzt man die zu verleimenden Teile. Am wenigsten verformen sich feinjährige Holzteile mit gleichmäßigen, aneinanderliegenden schmalen Jahresringen, die senkrecht zur Breite des Bretts verlaufen. Ein Schreiner nennt dies »stehende Jahre«. Bretter mit liegenden Jahresringen sollten Sie einmal in der Mitte teilen und verstürzt verleimen.

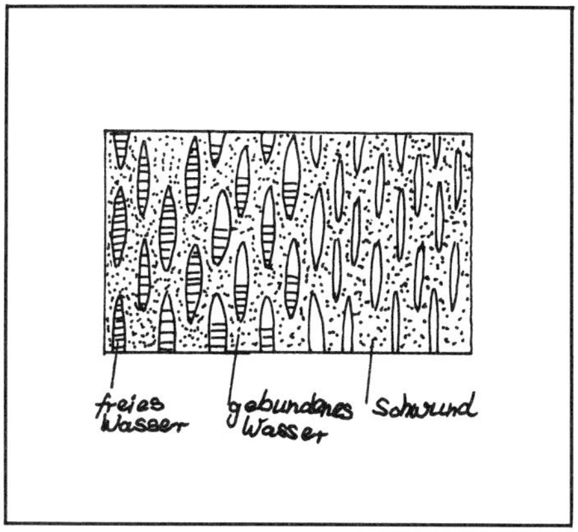

Zellaufbau

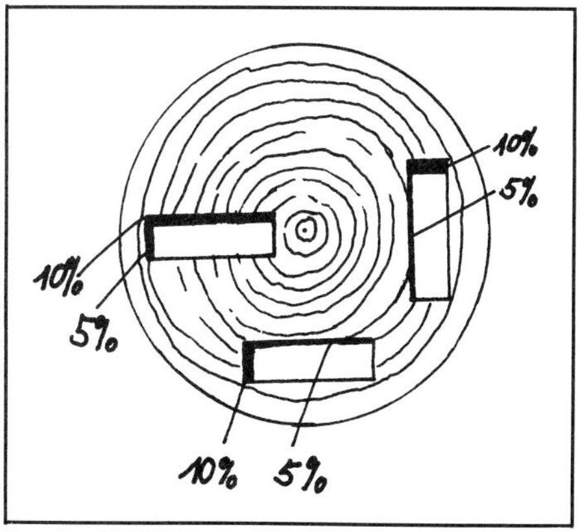

Schwund im Stamm

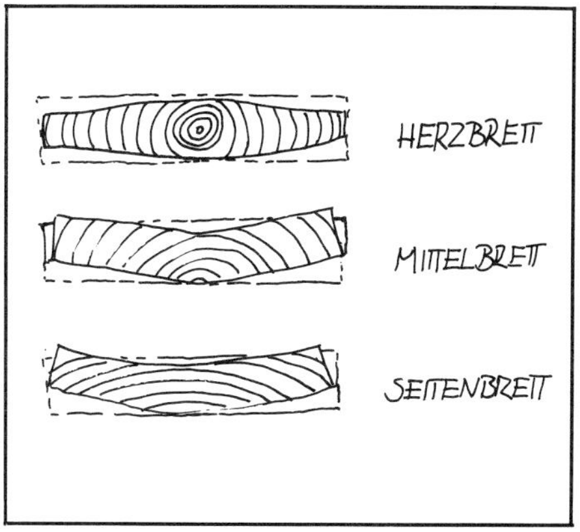

Verschiedene Bretter

Drechselholz

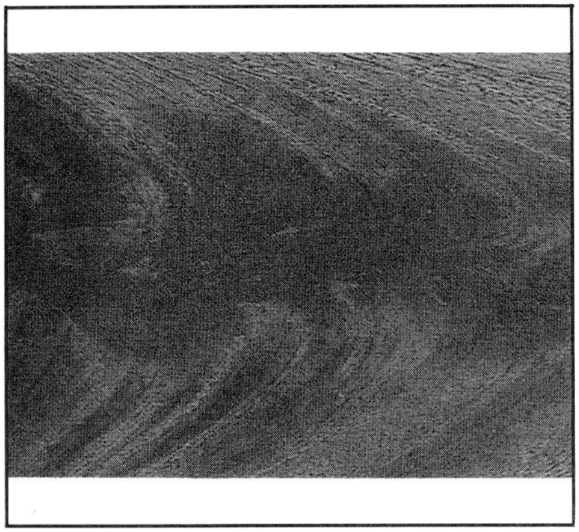

Farbeinschluß

Rosenholz

Drechselhölzer

Beim Drechseln von Schüsseln spielt vor allem die Schönheit der Maserung eine wichtige Rolle. Farbeinschlüsse, eine stark fladrige Maserung oder Markstrahlen geben dem Drechselwerk seinen besonderen Reiz. Unter Umständen kann auch der Geruch des Holzes eine Rolle spielen: zum Beispiel wird ein Brotzeitteller gern aus Wacholderholz gefertigt.

Wenn Einzelteile von Möbeln gedrechselt werden, verwendet man meistens dasselbe Holz. Eine Kombination ist nur üblich, wenn das zum Schreinern verwendete Holz nicht zur Bearbeitung mit dem Drechslerwerkzeug geeignet ist. Bei einem der am häufigsten verwendeten Möbelhölzer, Fichte, kann das ebenso der Fall sein wie bei der Weymouthskiefer. Diese Holzarten lassen sich nur mit sehr scharfem Werkzeug und einiger Erfahrung bearbeiten. Das Problem kann aber umgangen werden, indem Fichten- und Lindenholz kombiniert werden. Das ergibt ein harmonisches Bild und macht auch bei der anschließenden Oberflächenbehandlung überhaupt keine Probleme.

Drechselholz muß von guter Qualität sein, das heißt ohne Fehler wie Querrisse, Oberflächenrisse und Aststellen. Fehlerhaftes Holz neigt zum Splittern und ist dadurch ein Risiko. Verleimtes Holz verwenden nur geübte Handwerker. In diesem Fall müssen dann alle Regeln zum Verleimen eingehalten werden: Die Flächen müssen sauber zueinander passen, es darf nur bester Leim verwendet werden und die Zwingen können erst nach der Abbindezeit geöffnet werden.

Besonders beliebt bei Drechslern sind Obsthölzer wie Kirsch-, Birn- und Apfelbaum. Sie sind sehr hart und haben eine dichte Holzstruktur. Bei langsam laufender Maschine können diese Hölzer leicht poliert werden.

Schnitzholz

Über das ideale Holz für den Bildhauer gibt es recht verschiedene Meinungen. Einige empfehlen Holzarten wie Kirsch-, Birn- oder Nußbaum und Eiche, also Harthölzer, die auch zum Drechseln gut geeignet sind. In der Praxis hat sich aber gezeigt, daß vor allem Anfänger mit Lindenholz am besten zurechtkommen. Beim Lindenholz zeigt sich vom Kernholz zum Splintholz kein Unterschied. Es hat in der Regel eine gerade und feine Maserung. Es ist weich, aber genügend dicht und elastisch.

Es gibt je nach Standort des Baumes zwei verschieden gewachsene Hölzer. Diesen Unterschied erkennt man an der Farbe. Weißes Lindenholz, ähnlich dem Ahorn, hat kaum Spiegel und trocknet sehr langsam. Es bleibt immer besonders elastisch, bietet aber genügend Widerstand. Lindenholz, das eine bräunliche Färbung hat und von dunklen Streifen durchzogen wird, ist an einem sumpfigen Standort gewachsen. Dieses Holz ist sehr naß und neigt beim Trocknen zum Reißen. Wenn es nicht optimal gelagert wird, verblaut es und verfärbt sich schnell. Bei länger gelagertem Holz ist dies nicht mehr sofort sichtbar. Es empfiehlt sich deshalb, besonders vorsichtig zu sein. Verblautes Holz ist für Schnitzereien, die naturbelassen bleiben, nicht mehr zu verwenden. Keine Rolle spielt es, wenn die Arbeit vergoldet wird oder irgendeine andere, dem Verwendungszweck entsprechende Beschichtung erhält.

Ein besonders leicht zu bearbeitendes Holz für den Bildhauer ist das Zirbelholz. Leider ist es heute sehr selten geworden. Diese feinjährige Kiefernart wächst in den Bergen, deshalb sind die Jahresringe besonders weich und gleichmäßig. Das Holz hat einen hellen Splint, der nicht verwendet werden kann. Im Kernholz

Linde

Blaue Linde

Zirbel

Pappel

Cambala

gibt es zahlreiche Harzgänge, die das Holz sehr dauerhaft machen und nach längerer Sonneneinstrahlung eine schöne Eigentönung ergeben. Die im Zirbelholz vorhandenen Äste müssen beim Schnitzen nicht umgangen werden, wenn sie das Erscheinungsbild nicht stören. Durch ihren hohen Harzgehalt sind sie besonders leicht zu bearbeiten.

Erwähnt werden sollte noch das Pappelholz. In seiner Farbe und Maserung ist es leicht mit der Linde zu verwechseln. Bei der Arbeit wird aber schnell deutlich, was die beiden unterscheidet: Pappelholz ist langfaserig und reißt gern ein. Wächst es an sandigen Standorten, hat es oft Einwüchse, die die Werkzeuge schnell stumpf machen.

Ebenfalls als Schnitzholz verwendet wird die Weymouthskiefer. Sie ist in Farbe und Geruch leicht mit der Zirbelkiefer zu verwechseln. Weymouthskiefer ist ein schnell wachsendes Holz und deshalb das billigste unter den Schnitzhölzern. Durch den lockeren Zellaufbau ist die Bearbeitung nur mit sehr scharfem Werkzeug möglich. Zu lang gelagertes Holz wird oft stokkig, kann aber durch Einweichen in Wasser wieder verarbeitbar gemacht werden.

Für große Holzplastiken muß aber meist Pappel verwendet werden, da es als schnell wachsendes Holz Stammstärken von 1,2 bis 1,5 m Durchmesser erreicht. Linde müßte in dieser Größe erst mehrmals verleimt werden.

Immer mehr verwendet werden die afrikanischen Hölzer Limba, Cambala und Teak. Ihre Maserungen weichen ganz von der uns vertrauten ab, Fladern oder Jahresringe sind bei ihnen kaum zu erkennen. Die Struktur wird geprägt von den Markstrahlen, die bei Cambala als Punkte und bei Limba als schwarze Striche erscheinen. Bei der Bearbeitbarkeit mit Schnitzeisen sind sie den europäischen Harthölzern verwandt.

Scharniere und Schlösser

Um an einem Möbelstück Türen zu befestigen, werden geeignete Scharniere benötigt. Je nachdem, wie dicht die Vorderfront gegen Staub, Sicht und Lichteinwirkung schließen soll, muß die Bauart der Tür und damit das Scharnier passend gewählt werden. Man unterscheidet stumpf einschlagende, stumpf aufschlagende und überfälzte Türen.

Am einfachsten auszuführen sind eingeschlagen montierte Türen, die zwischen den beiden Seitenwänden liegen und mit dem geeigneten Scharnier entweder vor- oder zurückstehend anschlagen. Achten Sie bei dieser Bauart darauf, daß die Seiten ausgefalzt oder mit Staubleisten versehen werden, damit die Türen dicht schließen. Für zurückstehende Türen verwendet man Bänder mit der Kröpfung A, für vorstehende Türen Bänder mit der Kröpfung B.

Aufschlagende Türen liegen stumpf auf beiden Möbelseiten auf. Der Anschlag kann mit Winkel- oder Zylinderbändern geregelt werden. Bei Verwendung von Zylinder- oder Winkelbändern schwenken die Kanten der Türen so weit aus, daß so gefertigte Möbel nicht Seite an Seite gestellt werden können.

Für zerlegbare Möbel werden meistens moderne Spezialscharniere verwendet. Diese haben den Vorteil, daß sie von außen nicht sichtbar sind. Sie lassen sich aber nur bis zu einem Winkel von 95 Grad öffnen und sind nur für Türstärken bis zu 20 mm geeignet. Die Bohrabstände sind bei allen Spezialscharnieren verschieden und müssen gut passen. Der Einbau sollte nur von geübten Handwerkern in vorgenommen werden.

Überfalzte Türen liegen mit einem Falz an den Möbelseiten auf. Die Kanten können stumpf, gebrochen oder profiliert sein. Die Breite des Überschlags muß mit der

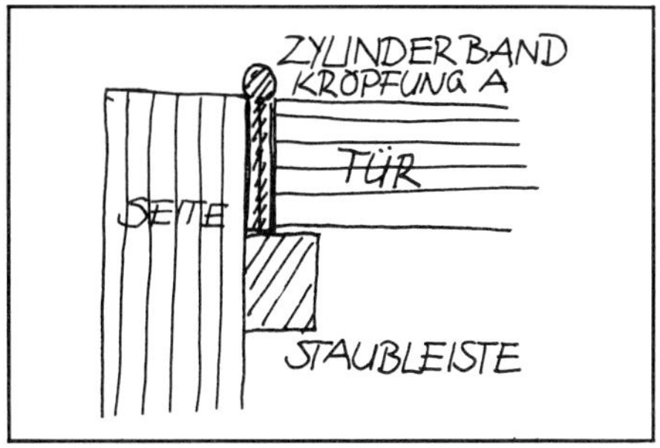

Einschlagende Tür

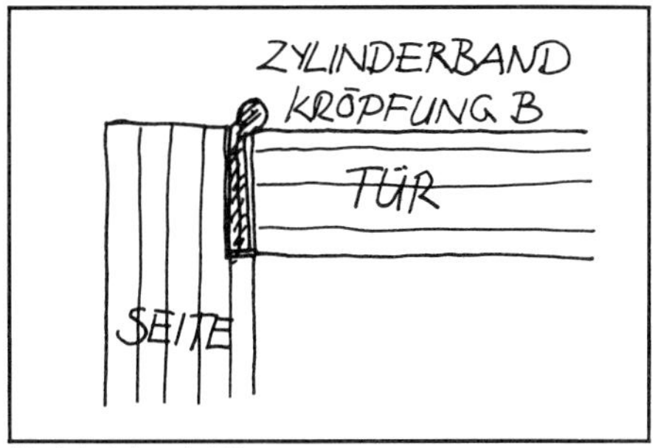

Zurückstehende Tür

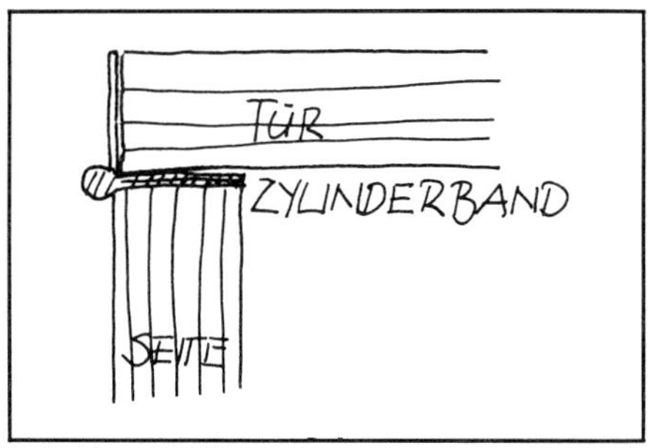

Aufschlagende Tür

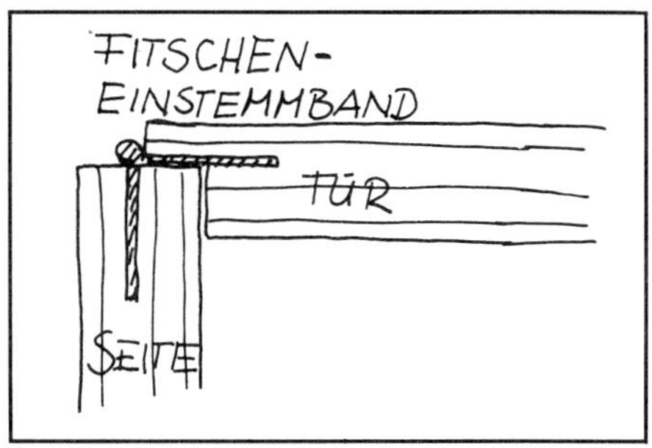

Überfälzte Tür

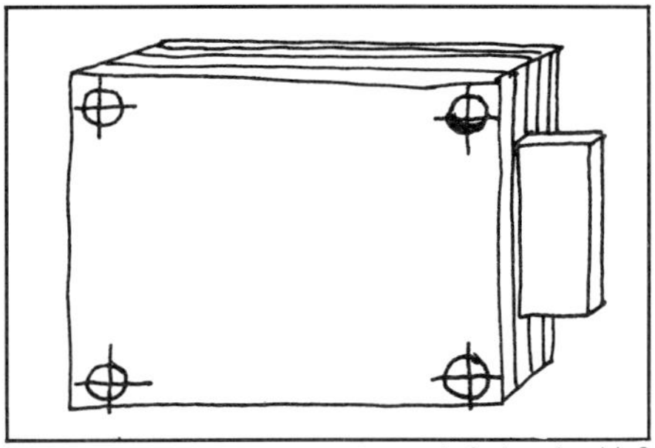
Aufschraubschloß

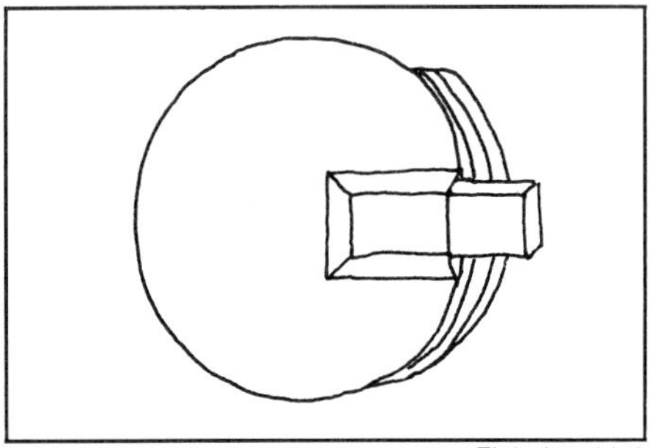
Einbohrschloß

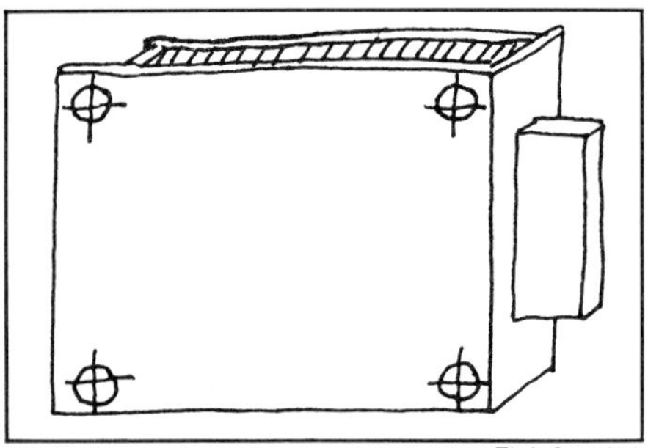
Einlaßschloß

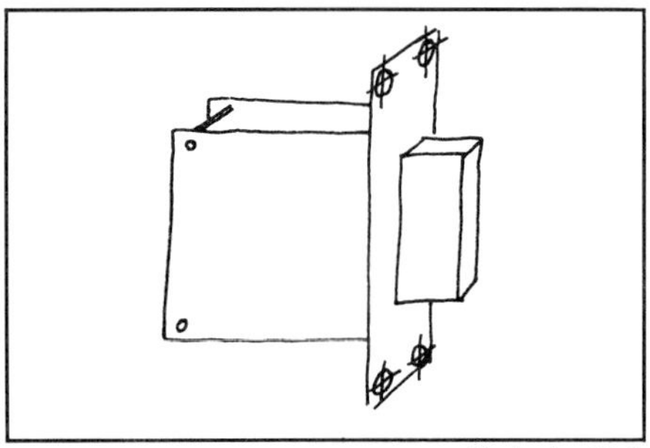
Einsteckschloß

Kröpfung des verwendeten Lappenbandes abgestimmt werden. Sie können auch Fitschen verwenden, dann muß der Überschlag aber mindestens 8 mm betragen, damit das Holz nicht aufspaltet.

Sichtbar angebrachte Beschläge beeinflussen den Gesamteindruck eines Möbelstücks wesentlich. Deshalb ist sorgfältig das richtige Scharnier in der passenden Höhe anzubringen. Bänder oder Scharniere sollten Sie immer zuerst an der Tür, dann am Korpus befestigen. Richtig gesetzte Türen klemmen nicht und haben auf allen Seiten gleichviel Abstand zu Rahmen oder Falz.

Um Türen zu verschließen, gibt es mehrere Möglichkeiten. Je aufwendiger die Schloßart, desto sicherer ist das Schloß. Die meisten Schlösser sind so gebaut, daß sie rechts und links sperren, denken Sie aber doch beim Kauf daran, danach zu fragen.

Die einfachsten Verschlüsse sind Magnetschnapper. Sie sind nur als Haltevorrichtung oder zum Abfangen von Türen gedacht, um laute Schließgeräusche zu vermeiden.

Aufschraubschlösser sind einfach anzubringen. Bei einflügligen Türen greift der Riegel in ein Schließblech, das in der Korpusseite eingelassen wird. Auch bei Doppeltüren ist die Verwendung möglich, nur muß da die zweite Tür an der Stelle, wo das Schließblech montiert wird, verstärkt werden.

Weniger auffallend sind Einlaß- oder Einbohrschlösser. Sie werden auf der Rückseite der Tür mit bündiger Schloßplatte montiert. Der Riegel faßt wieder in ein Schließblech, das auf der anderen Seite einzulassen ist.

Die eleganteste Lösung ist ein Einsteckschloß.

Schubstangen- oder Drehstangenschlösser werden heute kaum mehr verwendet, da sie sich leicht verbiegen und oft klemmen. Bei sehr hohen Türen ist es besser, oben und unten einen Schubriegel anzubringen.

Das Dornmaß ist beim Kauf des Schlosses entscheidend. Es errechnet sich aus dem Abstand vom Stulp bis zur Mitte des Dorns. Bei Rahmentüren ist es selbstverständlich, daß das Schlüsselloch in der Mitte des Rahmens sitzt. Schlüssellöcher können mit Schlüsselbuchsen oder Schildern verziert werden.

Die geeigneten Werkzeuge

Auf diesen beiden Seiten finden Sie Kurzbeschreibungen der wichtigsten Werkzeuge, die Sie zum Tischlern, Drechseln und Schnitzen benötigen. Welche Werkzeuge Sie für einzelne Arbeitsgänge und -anleitungen brauchen, ersehen Sie aus den Abbildungen unter der Rubrik »Werkzeuge«, die Sie bei allen Arbeitsanleitungen finden.

Werkzeuge zum Tischlern

1
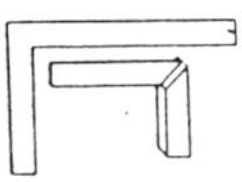

2

3
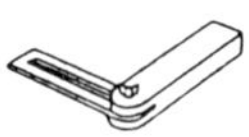

4

5

1. **Winkelmaß:** Mit dem Winkelmaß können Sie genau überprüfen, ob zwei Bauteile im 90-Grad-Winkel zueinander stehen. Es läßt sich präzise anlegen.
2. **Streichmaß:** Sie benötigen das Streichmaß, um Abstände und vorgegebene Maße auf Holz anzuzeichnen. Das Streichmaß ist besonders gut geeignet, um zur Holzkante parallele Linien anzureißen.
3. **Schmiege:** Die Schmiege können Sie an beliebigen Winkeln anlegen, das Maß dann feststellen und auf ein anderes Werkstück übertragen. Einmal eingestellte Winkel können Sie immer überprüfen, während Sie ein Holzstück bearbeiten.
4. **Zollstock:** Um die für ein Werkstück benötigten Holzteile zu vermessen, genügt in der Regel die Genauigkeit eines Zollstocks.
5. **Gehrungsklammern:** Die Gehrungsklammern sind ein unerläßliches Hilfsmittel, um Rahmenteile im 90-Grad-Winkel zum Verleimen zu fixieren. Mit diesen Klammern wird der Rahmen zusammengepreßt.

6
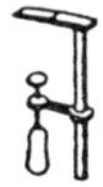

7
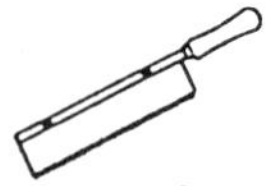

8
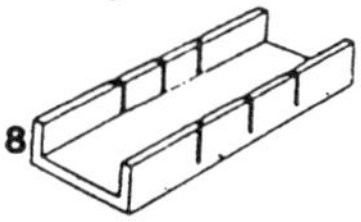

9

10
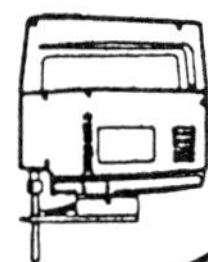

11

12

13

14

15

6. **Zwingen:** Für haltbare Leimverbindungen benützen Sie Schraubzwingen in verschiedenen Größen. Mit diesen pressen Sie die Bauteile fest zusammen.
7. **Feinsäge:** Die Feinsäge benötigen Sie, um sauber Gehrungen zu arbeiten, beim Einsägen von Schlitzen und bei der Ausführung von Zinken.
8. **Gehrungslade:** Leisten und Latten müssen oft, besonders beim Bau von Rahmen, im 45-Grad-Winkel gesägt werden. Mit der Gehrungslade sind Sie in der Lage, das Holzstück sicher anzulegen und sauber mit der Feinsäge zu schneiden.
9. **Tischkreissäge:** Eine Tischkreissäge mit Anschlag und der Möglichkeit, das Sägeblatt schräg zu stellen, ist zum Tischlern die ideale Maschine, um Holz in allen Längen und Formen zuzurichten.
10. **Pendelhubstichsäge:** Mit der Pendelhubstichsäge arbeiten Sie ohne Schwierigkeit alle geschweiften Formen aus Holz heraus.
11. **Stechbeitel (Stemmeisen):** Mit dem Stechbeitel arbeiten Sie alle Teile heraus, die Sie für Schreinerverbindungen benötigen.
12. **Holzbohrer:** Der Holzbohrer ist besonders für das Bohren von Dübellöchern wichtig. Die Zentrierspitze sorgt dafür, daß Sie nicht so leicht abrutschen und genau an der vorher markierten Stelle bohren.
13. **Bohrmaschine:** Für Schreinerarbeiten ist die elektrische Bohrmaschine am besten geeignet, um Dübellöcher oder Bohrungen für Schraubverbindungen herzustellen.
14. **Bohrständer:** In den Bohrständer können Sie Ihre elektrische Bohrmaschine einspannen, um die Bohrungen für Dübellöcher genau senkrecht zu setzen. Am Bohrständer stellen Sie auch den Tiefenbegrenzer ein, damit die Sacklöcher für die Dübel die genau vorgegebene Tiefe haben.
15. **Handhobel:** Mit dem Handhobel verputzen Sie verleimte Flächen, das heißt, Sie gleichen die beim Verleimen

entstandenen Übergänge aus. Außerdem können Sie mit diesem Gerät scharfe Kanten brechen.

16
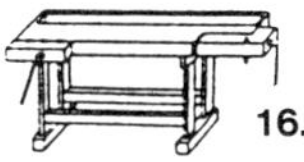

16. Hobelbank: Oft ist es wichtig, Werkstücke zuverlässig einzuspannen, um sie dann zu bearbeiten. Am besten eignen sich dazu eine Hobel- oder eine Werkbank.

17

17. Oberfräse: Mit der Oberfräse arbeiten Sie Zierleisten, Falze und schräge Durchbrüche sehr exakt.

18

18. Schwingschleifer: Mit dieser Schleifmaschine sind auch größere Flächen bei der Oberflächenbearbeitung gut zu bewältigen. Oft können Sie auch eine Bandschleifmaschine einsetzen zur Bearbeitung von Oberflächen.

19
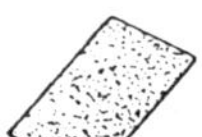

19. Schleifpapier: Schleifpapier setzen Sie ein, wenn Sie sehr kontrolliert vorgehen müssen, um die Holzoberfläche nicht zu weit abzutragen. Es ist in verschiedenen Körnungen erhältlich. Achten Sie bei Schleifpapier auf trokkene Lagerung, da sich sonst das Bindemittel löst, das Schleifpapier unbrauchbar wird.

20

20. Schleifklotz: Der Schleifklotz kann aus Holz, besser aber noch aus Kork sein. Über ihn legen Sie das Schleifpapier, um Kanten und Flächen exakt zu bearbeiten.

21

21. Raspel: Mit der Raspel können Sie Unebenheiten abtragen und scharfe Kanten brechen.

Werkzeuge zum Schnitzen

22
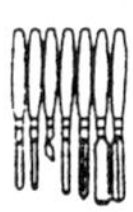

22. Schnitzeisen: Für die in diesem Band vorgestellten Schnitzarbeiten benötigen Sie die Schnitzeisen (Geradeisen, Flacheisen, Hohleisen – auch Bohrer genannt, Geißfuß) in allen Breiten und den gängigsten Formen.

23

23. Stechzirkel: Um die verschiedenen Höhen und Formen einer Schnitzarbeit vermessen zu können, benötigen Sie einen Stechzirkel.

24
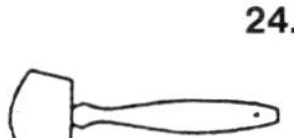

24. Klüpfel: Diesen Holzhammer benutzen Sie beim Schnitzen, wenn Sie bei Schnitzarbeiten größere Holzmengen wegzuarbeiten haben.

25

25. Schleifmaschine: Ein unentbehrliches Hilfsmittel für Schnitzarbeiten ist die Schleifmaschine: Sie müssen immer mit scharfem Werkzeug arbeiten und sollten deshalb in der Lage sein, Ihr Werkzeug selbst zu schärfen.

26

26. Abziehstein: Mit dem Abziehstein nehmen Sie beim Schnitzwerkzeug den Feinschliff vor.

27

27. Abziehleder: Auf das Abziehleder geben Sie etwas Schleifpaste, wenn Sie Ihr Schnitzwerkzeug fein verschleifen wollen.

Werkzeuge zum Drechseln

28
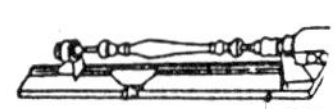

28. Drechselbank: Achten Sie beim Kauf einer Drechselbank darauf, daß Sie diese mit verschiedenen Geschwindigkeiten betreiben können.

29
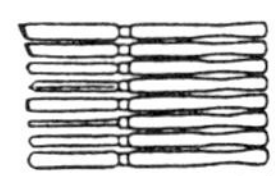

29. Drechselwerkzeug: Dieses Werkzeug gibt es in verschiedenen Formen (Röhre, Meißel, Abstechstahl). Drechselwerkzeuge sind wesentlich länger als Schnitzwerkzeuge und haben einen langen, schmalen Griff.

30

30. Dreibackenfutter: Dieses Futter eignet sich besonders zum Einspannen von zylindrischen Werkstücken. Wenn die Backen gespannt werden, zentriert sich das zu bearbeitende Holz automatisch.

31
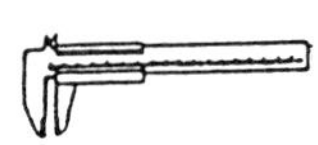

31. Schieblehre: Beim Drechseln müssen Sie oft die genaue Materialstärke bestimmen: Verwenden Sie dazu die Schieblehre.

Weitere Werkzeuge

32
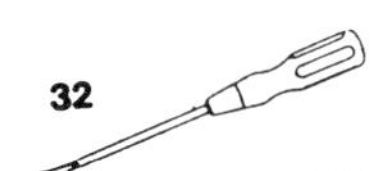

32. Schraubenzieher: Schraubenzieher der verschiedenen Größen benötigen Sie zum Beispiel zum Anbringen von Beschlägen wie Scharnieren, Schlössern u.ä.

33

33. Pinsel: Mit Pinseln tragen Sie Lackierungen auf.

34

34. Tuch: Um eine Schellackmattierung aufzutragen, benötigen Sie ein Tuch, das nicht fusselt.

Hobeln mit der Hobelmaschine

1

2

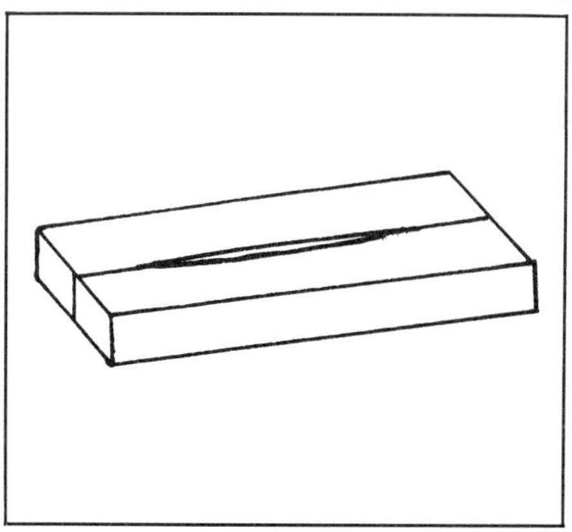

3

1. Voraussetzung für eine gute Leimverbindung ist, daß die einzelnen Bretter gut aufeinanderpassen. Dazu müssen Sie erst einmal die vorgesehenen Bretter hobeln. Haben Sie eine Tischhobelmaschine, deren Hobelmesserbreite ausreicht, die endgültige Breite des Bretts zu bearbeiten, genügt es, wenn Sie erst nur eine Seite abrichten. Das Brett wird sooft über den Abrichtetisch geschoben und dabei fest aufgedrückt, bis eine glattgehobelte Fläche entstanden ist.

2. Die bereits gehobelte Seite nehmen Sie jetzt als Anlegefläche an den senkrechten Anschlag und hobeln wieder einige Male, bis beide Flächen einen 90-Grad-Winkel bilden. Mit dem zweiten Brett verfahren Sie genauso. Je nach Genauigkeit der Hobelmaschine passen die beiden Bretter jetzt zusammen.

3. Wenn die Fuge auf die Länge etwas hohl ist, kann dies mit der Zwinge gepreßt werden. Sollten aber die äußeren Enden auseinanderstehen, müssen Sie nacharbeiten. Das Brett wird in die Hobelbank gespannt. Mit dem scharfen Handhobel nehmen Sie von der Mitte her zum Rand hin einen feinen Span weg.

Wenn die Breite der Hobelmaschine für das verleimte Brett nicht mehr ausreicht, müssen Sie die Teile vor dem Verleimen auf allen Seiten hobeln. Um die zweite Breitseite abzurichten, hat eine Tischhobelmaschine eine Dickenabrichte. Diese wird zuerst so eingestellt, daß alle Teile leicht durchgeschoben werden können. Dann schalten Sie die Maschine ein und lassen alle Bretter durch. Die Teile werden selbst transportiert, Sie müssen nur dafür sorgen, daß Sie beim Herausnehmen das Brett waagrecht halten. Nach jedem Arbeitsgang an der Dickenabrichte stellen Sie die Durchlaßstärke etwas zurück.

Schleifen zur Verfeinerung der Holzoberfläche

Zunächst muß die Oberfläche geschliffen werden, da nach der Arbeit Schmutz- und Leimflecke zurückgeblieben sind. Wenn Sie versuchen, diese mit Wasser zu entfernen, werden Sie merken, daß dabei das gehobelte Holz Feuchtigkeit aufnimmt und so häßliche Stellen entstehen. Besonders heikel sind Wasserflecke im Eichenholz. Die im Holz vorhandene Gerbsäure reagiert mit dem Wasser und färbt es dunkel.

Öl oder Fett können mit Alkohol als Lösungsmittel entfernt werden. Dazu wird aus Schlämmkreide und Alkohol ein Brei gemischt und auf den Fleck aufgetragen. Nachdem das Lösungsmittel verdunstet ist, saugt das Pulver den gelösten Stoff auf.

1. Man unterscheidet zwischen Schleifpapier und Schleifgewebe. Zum Holzschliff mit der Hand wird hauptsächlich Papier verwendet. Es sollte ein besonders zugfestes und zähes Papier sein, damit die Kanten nicht so schnell einreißen. Eine günstige Voraussetzung zur Lagerung von Schleifpapier ist normale Zimmertemperatur bei relativ niedriger Luftfeuchtigkeit. Erhebliche Abweichungen von diesen Werten verursachen eine Verformung des Materials, das Austrocknen oder Aufweichen des Bindemittels.

2. Schleifgewebe gibt es auch in verschiedenen Arten, stabilere verwendet man zum Maschinenschliff. Die Feinheit der Körnung richtet sich immer nach der Härte des Materials.

3. Vorgeschliffen wird mit dem gröberen Papier der Körnung 80 in Richtung der Holzfaser, bis alle groben Unebenheiten herausgeschliffen sind. Mit dem nächstfeineren Papier (100) wird die Holzfaser, die jetzt noch aufgerauht ist, geglättet. Anschließend schleifen Sie mit dem feinsten Papier nochmals nach.

1

2

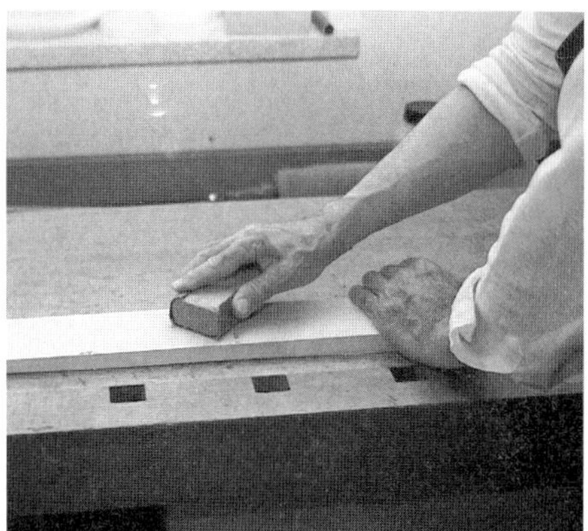

3

Beizen und wachsen

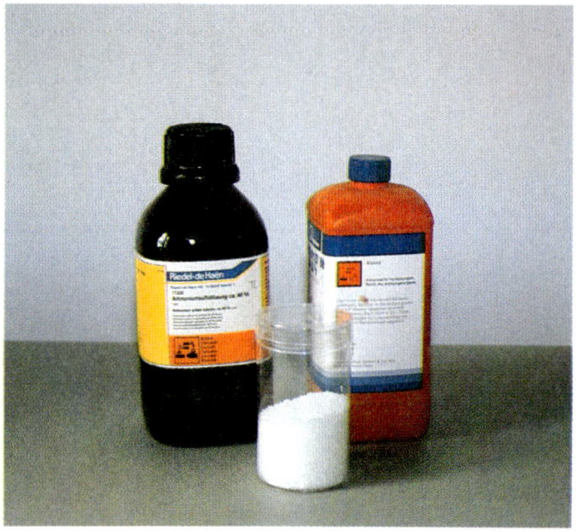

1

2

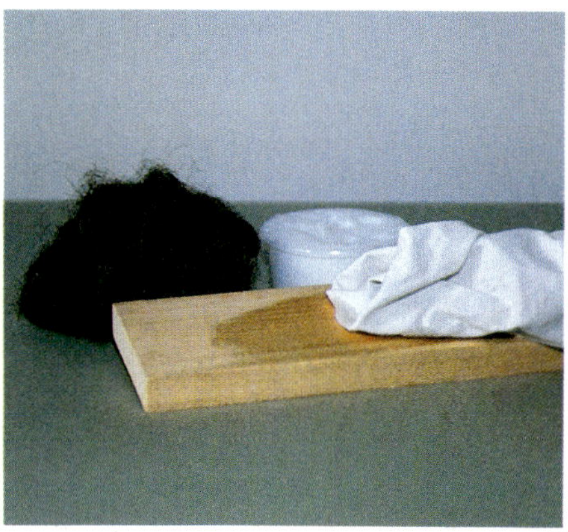

3

1. Zum Aufhellen der Holzfarbe verwendet man Bleichmittel wie Wasserstoffperoxid, Zitronensäure oder Bleichbeizen. Aufgetragen werden diese Mittel immer mit einem Pinsel aus Nylon oder Fiberglasborsten ohne Blechzwinge oder aber mit einem um einen Holzstab gewickelten Baumwollappen. Beim Auftragen müssen Sie mit Handschuhen und Schutzbrille arbeiten. Nachwaschen ist nicht erforderlich, jedoch sollten alle Möbelstücke gut getrocknet werden.

2. Farbstoffbeizen bestehen aus Teerstoffen mit Zusätzen, die so kombiniert sind, daß sie sich gleichmäßig auftragen lassen. Ihre Anwendung ist sehr einfach. Im Handel werden sie unter der Bezeichnung Wasser-, Antik- oder Rustikalbeizen geführt. Diese Beizen geben dem Holz aber noch keinen Schutz, eine Nachbehandlung mit Wachs oder Lack ist nötig.

Chemische Beizen bestehen aus einer Vor- und Nachbeize. Durch die Reaktion zwischen den beiden entsteht der Farbton in der Holzfaser. Dieser ist wasserfest und lichtecht. Zur Verarbeitung dürfen nur Pinsel ohne Metallzwingen und Glasgefäße verwendet werden, denn die Vorbeizen reagieren mit Metallen und verursachen dann häßliche Flecken im Holz. Chemisches Beizen glückt nur, wenn Sie die Anwendungsvorschriften genau beachten.

Wachslösungen geben dem Holz einen zuverlässigen Schutz gegen Wasser und Schmutz, sie erhalten auch die natürliche Farbe. Im Handel sind Wachslösungen in verschiedenen Zusammensetzungen erhältlich.

3. Sogenanntes Antikwachs läßt sich leicht mit einem Leinenlappen auftragen. Es wird gut eingerieben und nach einer Stunde mit einer Naturhaarbürste oder mit losem Roßhaar poliert.

Verleimte Breitenverbindung

Bei der verleimten Breitenverbindung muß das Holz besonders sorgfältig ausgesucht werden. Die Zusammenstellung der einzelnen Bretter ergibt später die Ansicht Ihres Möbels. Sie sollten nur Seiten-, Mittel- oder Herzbretter verwenden.

Da Splint- und Kernholz verschieden arbeiten, ist es nötig, daß Sie Splintholz an Splintholz und Kernholz an Kernholz verleimen. So entstehen an den Leimfugen harmonische Übergänge, die bei geschickter Zusammenstellung von Herzbrettern kaum auffallen.

1. Seitenbretter sollten gestürzt verleimt werden, da sie sich sonst auf die eine oder andere Seite werfen. Durch das Stürzen geht aber der Verlauf der natürlichen Holzstruktur verloren. Verwenden Sie diese Teile für Deck- oder Bodenteile oder Fachböden, spielt das keine Rolle. Wollen Sie Seitenbretter nicht gestürzt verleimen, gibt es noch die Möglichkeit, Gratleisten aufzuleimen oder mit einer Nut einzuarbeiten.

2. Zum Verleimen bereiten Sie vier stabile Leisten und genügend Zwingen vor. Die Bretter werden an den aneinanderstoßenden Seiten satt und gleichmäßig mit Leim bestrichen und nebeneinander auf zwei Leisten gelegt. Eine andere Leiste legen Sie darauf und passen sie mit zwei kleinen Zwingen zusammen, zuerst aber nur so weit, daß die Bretter dazwischen noch rutschen können.

3. Dann werden die Zwingen zum Pressen der Fugen angesetzt. Ziehen Sie die Zwingen nach und nach von allen Seiten her gleichmäßig an, und zwar so fest es geht. Der überschüssige Leim wird am besten gleich beseitigt. Nach 2 bis 3 Stunden im warmen Raum hat der Leim angezogen, die Zwingen können abgenommen und das Brett weiter bearbeitet werden.

1

2

3

Stumpfe Verbindung des Rahmenecks

1

2

3

Unter der Vielzahl der Eckverbindungen ist die stumpfe Rahmeneckverbindung die einfachste. Sie ist gedacht für Rahmen und Füllungen, auf die keine großen Scher- oder Zugkräfte einwirken. In so einen Rahmen dürfen Sie kein schweres Glas einlegen. Gegebenenfalls müssen Sie eine stabilere Verbindung wählen.

1. Zuerst müssen Sie Quer- und Längshölzer des Rahmens kennzeichnen. Das Anschneiden der Eckverbindungen auf genaues Längenmaß geschieht in der Gehrungslade, sofern Ihnen keine Präzisionskreissäge zur Verfügung steht.

2. In der Gehrungslade richten Sie sich die Leiste so zurecht, daß die Längenzeichen mit den Schlitzen für die Sägeführung genau übereinstimmen. Mit genügend Kraft können Sie die Leiste mit der Hand halten, sind Sie ungeübt, zwingen Sie sie fest. Nachdem Sie einen Winkel geschnitten haben, drehen Sie die Leiste um und sägen den anderen.

3. Zum Zusammenleimen können Sie bei kleineren Rahmen einen einfachen Weckgummi verwenden. Meistens lohnt es sich aber, Rahmeneckklammern und eine Zange dazu sich anzuschaffen. Diese werden an die gleichmäßig mit Leim bestrichenen Ecken angesetzt und pressen die Teile zusammen. Messen Sie immer mit dem Winkel nach, da die geleimten Teile leicht aufeinander verrutschen. Klopfen Sie mit einem Hammer und einem Beileghölzchen alle Ecken in den rechten Winkel.

Die Rahmenklammern hinterlassen leider Spuren im Holz. Es bleiben kleine Druckstellen, die aber, mit etwas Wasser betupft, wieder aufquellen. In besonders hartnäckigen Fällen können Sie auch mit Wasserdampf aus dem Bügeleisen behandelt werden.

Eckverbindung mit Eckfeder

Eine Eckfeder dient zur Verstärkung einer Rahmeneckverbindung. Die stumpf aufeinander verleimten Gehrungswinkel haben eine kleine Leimfläche und sind deshalb für größere Belastungen nicht geeignet. Mit einer Eckfeder wird die Leimfläche vergrößert, und die Verzahnung der Ecke ist auch stabil, wenn größere Verformungskräfte auftreten.

1. Bevor Sie mit dem Einsetzen der Feder beginnen, muß ein Rahmen mit stumpfen Eckverbindungen fest verleimt sein. Die Stärke der Feder wird bestimmt aus der Holzstärke, die Größe der Holzfeder wiederum aus der Breite des Falzmaßes.

Damit das Holz des Rahmens nicht zu sehr geschwächt wird, nimmt man für die Feder ein Drittel der Holzstärke heraus. Mit dem Streichmaß reißen Sie die Linien über Eck an. Sägen Sie mit der Feinsäge beide Male innerhalb der bezeichneten Linien.

2. Mit dem passenden Stemmeisen arbeiten Sie den Schlitz heraus. Gehen Sie behutsam von beiden Seiten vor, sonst reißt das Holz.

3. Die Eckfeder sollte aus demselben Holz wie der Rahmen sein. Die Maserung, d. h. der Faserverlauf, muß entlang der Diagonalen verlaufen, so ist die Feder am stabilsten. Mit der Hand können Sie sich das Holz aus einer fertigen Leiste sägen. Denken Sie beim Kauf daran, daß Sie etwas mehr Material brauchen. Werden Ihre Leisten vom Schreiner vorbereitet, bestellen Sie die Feder dazu.

Das Einleimen ist einfach. Paßt die Feder mit nur leichtem Widerstand in den Schlitz, ist die Verbindung optimal gearbeitet. Alle Teile können jetzt verleimt werden. Nach der Abbindezeit arbeiten Sie mit Raspel und Schleifpapier nach.

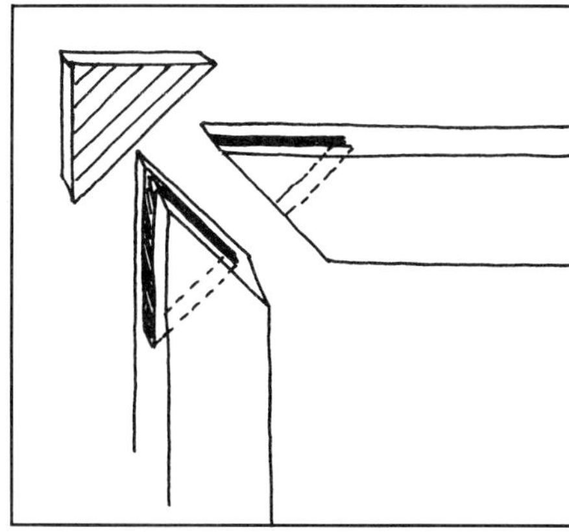

1

2

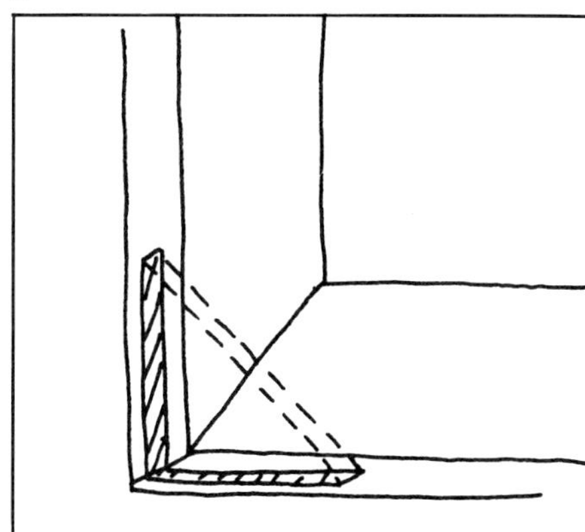

3

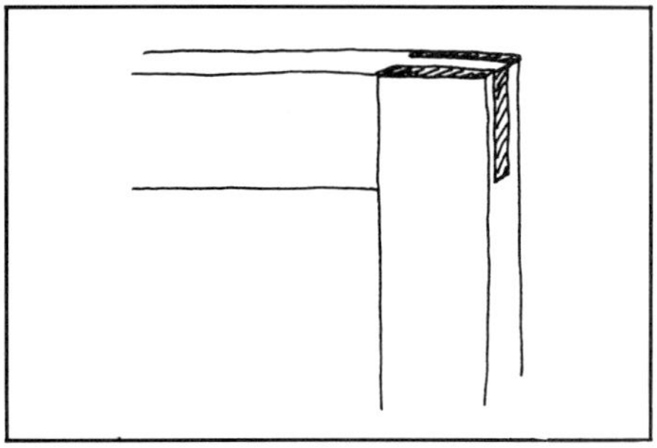

1

2

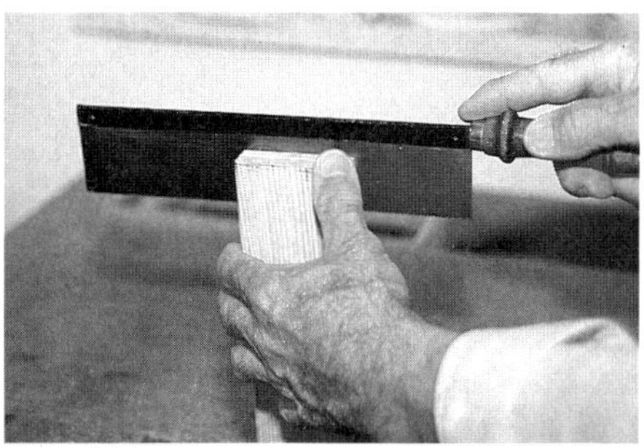

3

4

Schlitz – Zapfen – Verbindung

Eine weitere mögliche Eckverbindung ist die Schlitz-Zapfenverbindung, die stabilste der Eckverbindungen. Sie eignet sich für Möbel in der Rahmenbauweise, aber auch immer dann, wenn sehr haltbare Rahmenverbindungen geschaffen werden sollen. Ausgeführt werden kann sie in der einfachen Weise oder, bei dicken Hölzern, auch mit Doppelzapfen.

1. In der Regel erhalten die aufrechten Rahmenteile den Schlitz und die waagrechten den Zapfen. Sie legen die beiden Teile vor sich auf den Tisch. Das Streichmaß stellen Sie genau auf die Breite der Leisten ein und zeichnen dieses Maß von der Hirnholzseite her an.

2. Wenn Sie beide Hölzer so bezeichnet haben, errechnen Sie, wieviel ein Drittel ihrer Holzstärke beträgt. Auf dieses Maß stellen Sie das Streichmaß neu ein und zeichnen wieder an den beiden Leisten dieses Maß an. Achten Sie darauf, daß der Markierungsstift immer senkrecht auf das Holz trifft.

3. Mit der Feinsäge sägen Sie am Längsteil innerhalb, am Querteil außerhalb der beiden Linien ein.

4. Um den Schlitz zu erhalten, muß der mittlere Teil des später senkrecht stehenden Rahmenholzes ausgestemmt werden. Dazu benutzen Sie ein Stemmeisen in der geeigneten Breite. Arbeiten Sie sich von beiden Seiten her langsam vor.

Der Zapfen ist viel leichter herzustellen. Dazu werden die äußeren Teile des Querholzes entlang der zuerst angezeichneten Linien abgesägt. Halten Sie das Sägeblatt immer senkrecht. Natürlich können Sie Sägearbeiten auch mit der Kreissäge ausführen.

Wenn Sie alle Teile genau gearbeitet haben, läßt sich die Verbindung mit geringem Widerstand ineinanderschieben und danach verleimen.

Gedübelte Holzverbindung

Die einfachste Art, Platten zu verbinden, ist die Dübelverbindung. Sie kann entweder, wenn sie geleimt wird, eine feste Verbindung sein oder aber als Unterstützung und Führungshilfe einer zerlegbaren Verbindung dienen. Sitzen die Dübel absolut fest und treffen sie genau aufeinander, ist diese einfache Verbindung sehr stabil.

1. Mit Hilfe einer Dübellehre, die Sie selbst herstellen können, wird die Arbeit genauer. Unter einer Dübellehre versteht man eine Leiste, die in der zum Holz passenden Breite und Stärke hergerichtet wird. Die Breite stimmt mit der Holzstärke überein. Die Höhe sollte 20 mm betragen, um eine gute Führung zu haben.

Der Durchmesser des Dübels errechnet sich aus der Holzstärke, er soll drei Fünftel der Stärke messen, so daß jeweils ein Fünftel auf beiden Seiten volles Holz stehenbleibt. Der Abstand zwischen den Dübeln sollte nicht mehr als 15 cm betragen. Mit zwei kleinen Nägeln wird die Dübellehre befestigt.

2. Mit der Bohrmaschine arbeiten Sie jedes Loch nach. Ein Tiefenbegrenzer verhindert, daß Sie zu tief kommen. Haben Sie eine Seite gebohrt, ziehen Sie die Nägel heraus und heften die Dübellehre auf den anderen Teil der Verbindung. Achten Sie darauf, daß Sie die Leiste nicht verdrehen (Markierung).

3. Bevor Sie das Werkstück zusammenbauen, leimen Sie auf einer Seite die Dübel ein. Probieren Sie dann, ob alle Teile zusammenpassen.

Verleimen Sie nach dieser Probe alle Teile. Während der Leim anzieht, können Sie kaum mehr, oder nur in größter Eile, etwas ändern. Setzen Sie die Zwingen an und entfernen Sie den überquellenden Leim. Nach dem Trocknen ist diese Verbindung fertig, es muß nichts mehr nachgearbeitet werden.

1

2

3

Gegratete Verbindung

1

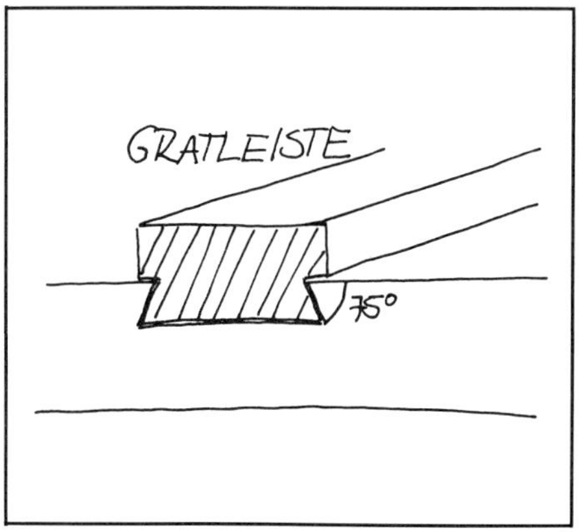

2

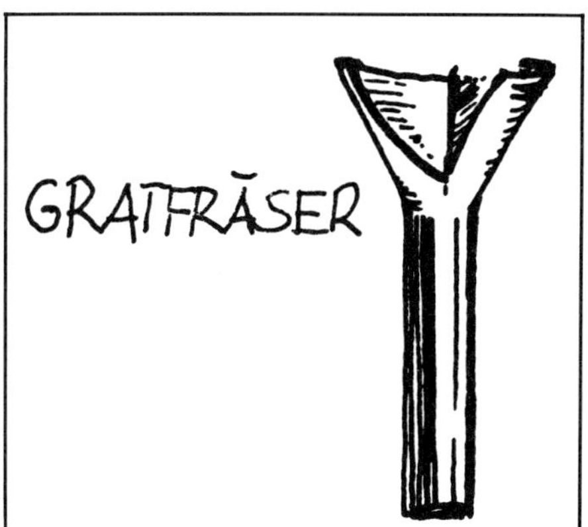

3

Das Verbinden zweier Bretter durch einen Grat ist eine weitere Möglichkeit, die bei der Plattenbauweise angewendet werden kann.

1. Eine konisch zulaufende Nut, in die ein genau passender Grat eingeschlagen wird, verkeilt sich selbst. Diese Technik wird auch verwendet, wenn das Werfen eines Bretts verhindert werden soll.

2. Wichtig bei der Gratverbindung ist, daß der Schlitz nicht zu tief ins Holz eingeschnitten wird. Das Material würde sonst zu sehr geschwächt werden. Bei der Schlitztiefe wird mit einem Drittel der Materialstärke gerechnet. Die Breite des Grats richtet sich nach der Breite oder Stärke des Bretts. Wenn die Verbindung so ausgeführt werden soll, daß man von der Ansichtsseite Grat und Nut nicht sieht, ist vom Ende des Werkstücks her ein Abstand von mindestens 3 cm zu halten.

Zuerst wird die Nut angezeichnet, nach vorn 2 mm schmäler werdend. Die Wangen der Nut werden im 75-Grad-Winkel eingesägt. Zum Einsägen können Sie die Feinsäge benutzen. Um die Säge richtig zu führen, empfiehlt es sich, eine mit dem besagten Winkel versehene Leiste auf die Fläche zu spannen. Auf beiden Seiten sägen Sie den Grat ein, mit dem Stemmeisen wird bis auf den Grund gearbeitet.

3. Zu dieser Arbeit können Sie auch eine Oberfräse benutzen. Mit einem speziellen Gratfräser haben Sie die Nut in zwei Arbeitsgängen fertiggestellt.

Der Grat wird mit einem Grathobel hergestellt. Wenn Sie dieses Spezialwerkzeug nicht haben, können Sie wieder mit Feinsäge und Stemmeisen arbeiten. Zuerst zeichnen Sie die notwendige Höhe für den Grat an, sägen dann ein und arbeiten das überflüssige Holz mit dem Stemmeisen heraus.

Einkeilen von schräggestellten Stuhlbeinen

Die Technik des Einkeilens wird oft bei Bauernmöbeln verwendet. Das Prinzip ist sehr einfach. Es wird für das zu befestigende Stück eine runde oder eckige Öffnung geschaffen. Der in der Aussparung sitzende Teil wird verkeilt. Die Haltbarkeit dieser Verbindung ist sehr gut. Soll sie im Tischlerhandwerk Anwendung finden, müssen alle Arbeitsschritte exakt ausgeführt werden.

1. Bei den meisten Bauernstühlen stehen die Beine schräg. Deshalb müssen Sie zuerst eine Bohrlehre herstellen, mit der das schräge Loch in die Sitzfläche gebohrt werden kann. Dazu nehmen Sie ein Holzstück mit den Maßen 10×10 cm, das mindestens 3,5 cm stark ist. In der Mitte bohren Sie senkrecht ein Loch in der Stärke des Stuhlbeins, meistens 3 bis 3,5 cm.

2. Durch Absägen eines Keils von der Bohrlehre wird der Winkel bestimmt. Diesen messen Sie am besten anhand einer Zeichnung nach, um ihn dann zu übertragen. Markieren Sie an der Bohrlehre, welche Seite auf die Sitzflächenecke ausgerichtet werden muß. Mit zwei dünnen Nagelstiften wird die Lehre angeheftet. Dann können Sie die Sitzfläche gut bohren, die Stärke der Bohrlehre von 3,5 cm gibt jetzt eine gute Führung. Beim anheften achten Sie auf die Markierung.

3. Um die Stuhlbeine konisch ausrichten zu können, werden sie in die Drechselmaschine eingespannt, zuerst geschruppt und dann auf die Stärke der Bohrung gedreht (siehe Grundkurs Drechseln).

4. Die Aussparung im Stuhlbein wird mit einer Feinsäge herausgearbeitet. Die obere Öffnung ist 5 mm breit, der Schlitz 2,5 cm tief. Der Keil ist insgesamt 2 mm stärker und muß um einiges länger als die Schlitztiefe sein. Bauen Sie den Stuhl erst einmal zur Probe zusammen, bevor Sie keilen und leimen.

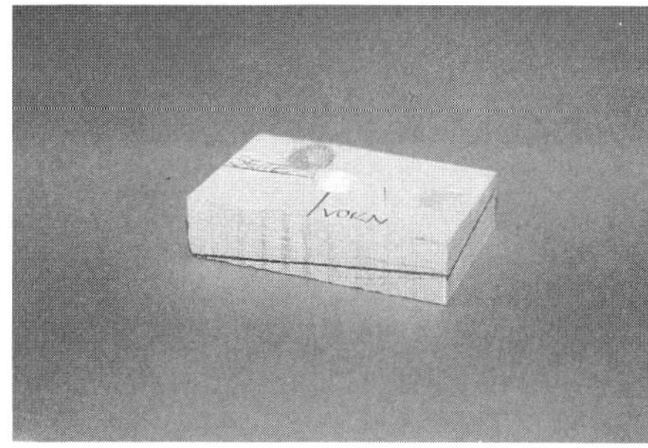

1

2

3

4

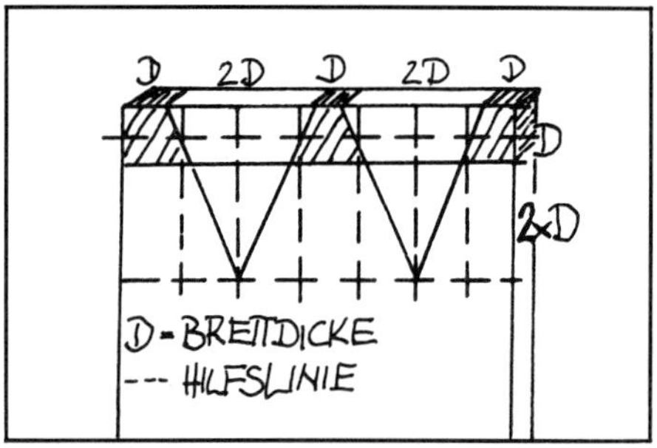

1

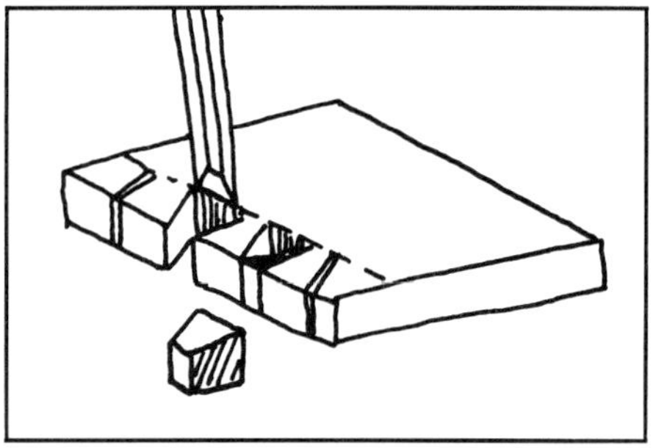

2

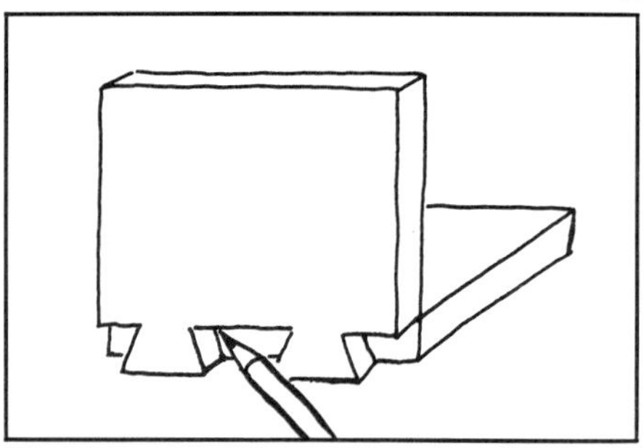

3

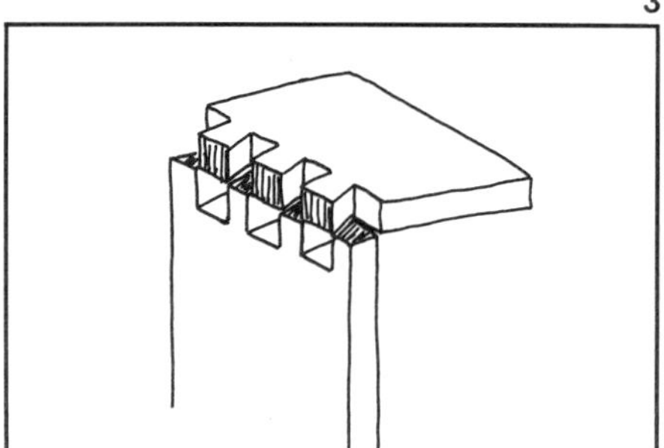

4

Holzverbindungen mit Zinken und Schwalben

Jede gezinkte Verbindung ist nicht nur besonders stabil, sie kann auch ein schmückendes Detail eines Möbels sein.

1. Die Zinkeneinteilung nehmen Sie am Brett selbst vor. Zunächst wird, wie in der Zeichnung zu sehen, die Brettdicke (D) von der Hirnholzseite her auf der Seitenfläche angezeichnet, anschließend eine Hilfslinie in der Mitte dieser Strecke gezogen. Auf dieser Linie werden für die Schwalben etwa eine Holzstärke und für die Zinken die doppelte Holzstärke abgemessen. Eine zweite Hilfslinie ziehen Sie bei der dreifachen Brettstärke. Die Schräge der Zinken ergibt sich, wenn die Punkte der Hilfslinien wie in der Zeichnung verbunden werden.

2. Nach dem Anzeichnen werden die Zinken so eingesägt, daß die angerissenen Linien stehenbleiben. Versuchen Sie, möglichst gleichmäßig und senkrecht mit der Feinsäge zu arbeiten. Anschließend werden die entstandenen Zwischenräume für die Schwalben ausgestemmt. Dazu pressen Sie die einzelnen Werkstücke mit einer Zwinge auf die Hobelbank, so daß sie nicht federn. Zuerst arbeiten Sie einen Teil der Zinken heraus und stechen dann die Hirnholzseiten sauber ab.

3. Zum Anreißen der Schwalbe wird das fertige Teil senkrecht mit der Hirnholzseite bündig an das Schwalbenbrett gestellt. Mit einem spitzen Bleistift zeichnen Sie die Schwalben an und übertragen sie von der Hirnholzseite mit dem Winkel auf die beiden Seiten. Nach dem Einsägen werden wieder die Zwischenräume ausgestemmt.

4. Vor dem Zusammenleimen versäubern und schleifen Sie die Innenseiten. Der Leim wird aufgetragen, die Teile zusammengesteckt und mit Beilegeklotz und Hammer in den Winkel geklopft.

Holz markieren

Wer viel mit Holz umgeht weiß, daß es schwer ist, beim Herrichten der einzelnen Teile die Übersicht zu bewahren. Die Zeichensprache der Tischler hat eine einfache und schnelle Art gefunden, einzelne Teile zu »zeichnen«, sei es, daß sie verleimt werden sollen oder in bestimmter Richtung aneinander gehören. Dies ist besonders wichtig, wenn bestimmte Teile zueinander passend abgerichtet werden: sind sie nicht gezeichnet, stimmen die Fugen nicht mehr.

1. Das Zeichen, das am häufigsten verwendet wird, ist das Dreieck. Die Teile werden so aneinandergelegt, wie sie verleimt oder verbunden werden sollen. Über alle zeichnen Sie mit einem weichen Bleistift ein Dreieck.

2. Auch bei Rahmenteilen ist eine Bezeichnung von Nutzen. In diesem Fall haben Sie die Hölzer nach optischen Kriterien zusammengestellt, und in der Eile des Verleimens kommt es oft vor, daß Teile vertauscht werden. Bei Rahmenhölzern werden die kurzen und langen Teile getrennt mit Dreiecken versehen.

3. Die Böden und Seiten eines Schranks werden vor dem Zusammenleimen an den Vorderkanten gezeichnet. Auch hier ist die beste Markierung das Dreieck.

4. Ein wichtiges Hilfsmittel zum Anzeichnen von Linien ist das Streichmaß. Es besteht aus zwei Schienen, die in einem Holzteil frei verschoben werden und im richtigen Maß festgespreizt oder mit einer Schraube arretiert werden können. An einer Seite ist ein spitzer Dorn eingeschlagen, der zum Anreißen dient. Meist sind beide Schienen mit einer Zentimeterskala versehen. Das Streichmaß wird fest an die gehobelte Kante angelegt, damit der Riß gerade und parallel gezogen wird. Durch zwei Markierer sparen Sie sich das Umstellen, wenn mehrere Maße anzureißen sind.

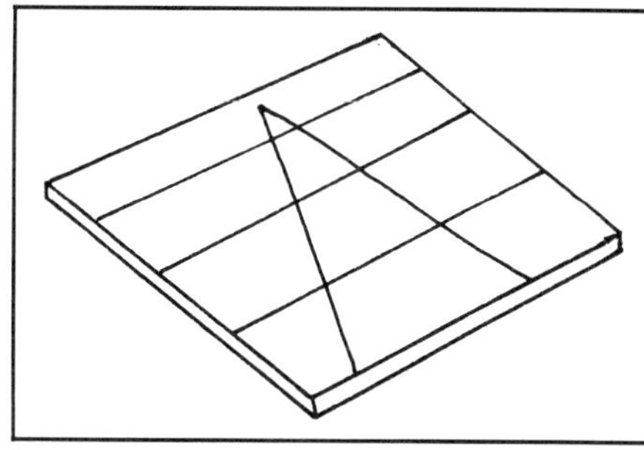

1

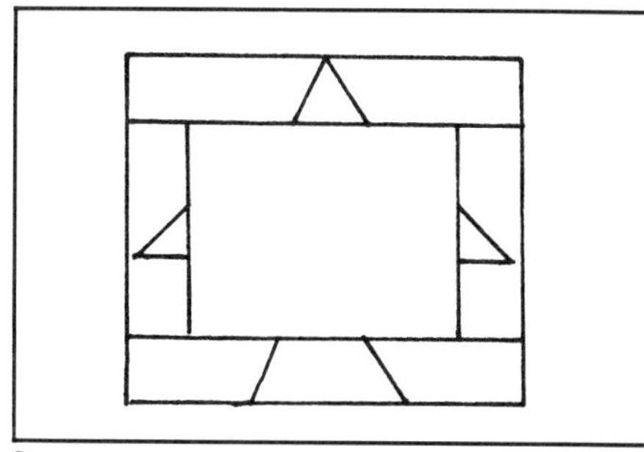

2

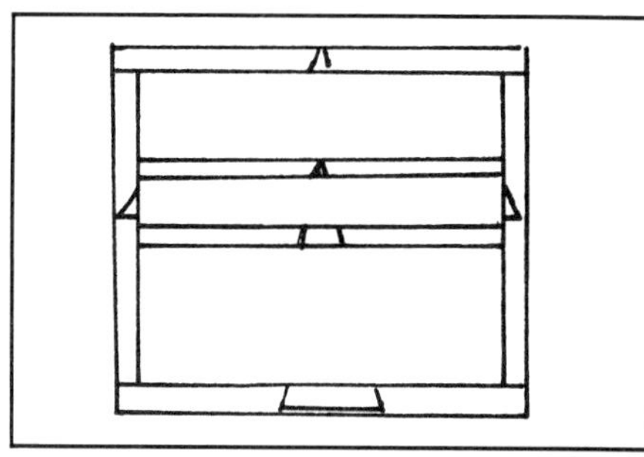

3

4

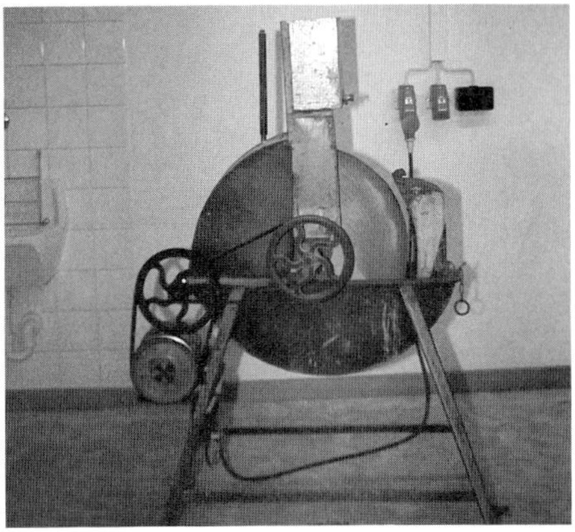
1

2

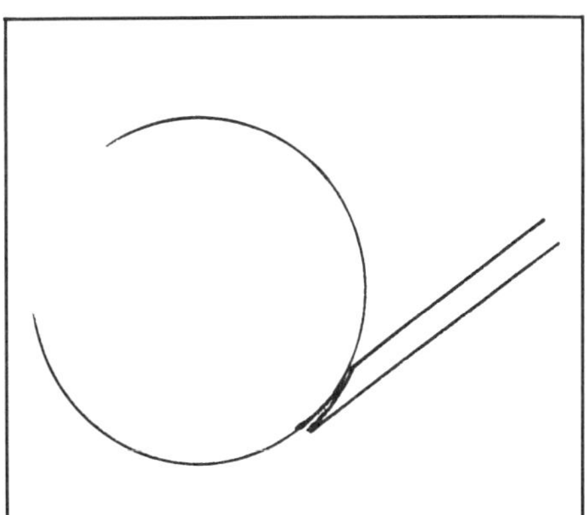
3

Werkzeuge schleifen

Eine Drechsel- oder Schnitzarbeit gelingt erst dann, wenn die Werkzeuge scharf sind. Beim Schreinerstechbeitel ist es zwar auch wichtig, daß er gut geschliffen ist, doch wird beim Tischler mit mehr Kraft gearbeitet, so daß dem Schliff nicht so große Bedeutung zukommt wie bei Drechsel- und Schnitzwerkzeugen. Solcher Kraftaufwand ist beim Drechsler und beim Holzschnitzer nicht mehr möglich, sein Werkzeug muß messerscharf sein.

1. Früher war der Naßschleifstein ein wichtiger Bestandteil der Bildhauerwerkstatt. Er hat den Vorteil, daß er langsam und im Wasser läuft. So wurde das Werkzeug nicht zu heiß und behielt seine Härte. Leider ist für diese großen Maschinen heute kaum noch Platz.

2. Deshalb wird meistens die Schleifmaschine mit dem Korundstein in einer feinen Körnung verwendet. Diese Schleifmaschinen sollten idealerweise mit 1200 Umdrehungen pro Sekunde laufen. Meistens sind die Motoren jedoch wesentlich schneller. Dies müssen Sie beachten, denn je höher die Umdrehungszahl ist, desto weniger darf das Eisen aufgedrückt werden und um so öfter muß es im bereitstehenden Wasser gekühlt werden. Ist ein Eisen an der Schneide blau angelaufen, hat es sich zu stark erhitzt und seine Härte verloren. Das blaue Teilstück muß dann abgeschliffen werden.

3. An jedes Eisen wird eine Fase angeschliffen, die doppelt so lang sein sollte wie die Materialstärke des Werkzeugs. Ist sie kürzer, mindert das die Führung des Eisens, weil der Schneidewinkel sehr groß ist. Ist die Fase zu lang, wird das Material auf eine lange Strecke extrem geschwächt und kann bei Hartholzbearbeitung oder sonstiger stärkerer Belastung schnell ausbrechen. Die Fase muß in einer Fläche geschliffen sein. Dazu ist notwendig, daß Sie beim Wiederansetzen an die Schleifscheibe darauf achten, daß Sie den gleichen Winkel einhalten.

4. Die Form des Balleisens (rechts) sollte beibehalten bleiben. Bei stärkeren Flacheisen oder Hohleisen (links) sind die Kanten etwas zurückgeschliffen: so ist eine bessere Eisenführung möglich.

5. Das Eisen muß so lange am Korundstein bearbeitet werden, bis an der ganzen Breite ein Grat von hauchdünnem Metall entsteht. Dieser grobe Anschliff wäre auch an einer Sichtschleifmaschine möglich. Diese hat zwar den Vorteil, daß Sie während des Schleifens das Eisen sehen, es bekommt aber nicht den Hohlschliff wie an dem runden Schleifstein.

6. Auf die möglichst sorgsame und vollständige Entfernung des Grates kommt es abschließend an. Dazu gibt es verschiedene Möglichkeiten. Die althergebrachte ist das Abziehen auf einem Ölstein. Meistens wird dazu ein Arkansas mit Öl oder Terpentin verwendet.

Das Eisen drücken Sie so auf den Stein, daß es mit der ganzen Fase aufliegt. Dann bewegen Sie es hin und her. Balleisen müssen dabei seitlich bewegt werden, so daß die ganze Breite gleichmäßig abgezogen wird. Ab und zu wird der Grat dann wieder nach außen gedrückt.

7. Zum Entgraten von Hohleisen wird der Arkansas an die Innenseite des Werkzeugs gelegt und hin- und herbewegt. Dies wiederholen Sie so, bis der Grat abbricht.

Mit einem Arkansas dauert es natürlich seine Zeit, bis Sie alle Eisen geschliffen haben.

8. Schneller geht es, wenn Sie dazu eine Gummischeibe verwenden, die Sie auf der anderen Seite der zweiankerigen Schleifmaschine befestigen. Dabei gilt wieder: Wenig Druck bei schnellaufender Scheibe. Innen dürfen Sie damit das Eisen allerdings nicht abziehen. Den Grat schieben Sie mit dem Finger nach außen. Langsam wird der Grat abbrechen.

9. Ihr Eisen muß jetzt noch mit dem Abziehleder und einer Schleifpaste poliert werden. Dazu wird ein stabiles Brandsohlenleder auf ein Brett gespannt und mehrmals mit Schleifpaste eingestrichen. Das Eisen ziehen Sie einige Male mit festem Druck darüber.

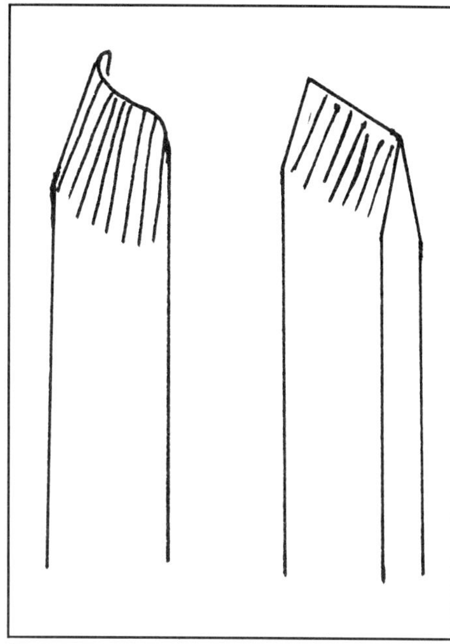

4

5

6

7

8

9

Ein Werkstück zentrieren und einspannen

Das zum Drechseln ausgewählte Holz muß zuerst mindestens auf eine Vierkantform gebracht werden; bei einer Holzstärke bis zu 6 cm genügt das. Ist das Holz stärker, müssen Sie ein Achtkant zurichten. Dazu zeichnen Sie auf den Hirnholzseiten die Diagonalen, der Schnitt ergibt den Mittelpunkt. Anhand des Kreises, den Sie um den Mittelpunkt schlagen, sehen Sie, wieviel Sie von den Ecken absägen können.

Beim Querholzdrehen (Teller, Schale etc.) ist genausoviel Sorgfalt auf die Vorbereitung zu legen. Ist das Holz extrem unwuchtig, kommt es zu starken Vibrationen, die der Maschine nicht guttun und für Sie ein Sicherheitsrisiko darstellen.

1. Nach der Vorbereitung mit der Säge wird das Werkstück zentriert. Auf beiden Hirnholzseiten zeichnen Sie die Diagonalen auf und sägen beide Linien mit der Feinsäge etwa 3 mm ein. Stellen Sie das Holz auf eine harte Unterlage und schlagen Sie mit dem Körner eine Vertiefung in den Mittelpunkt.

2. Um den Vierzack der Drechselbank beim Einspannen nicht zu beschädigen, wird mit dem Klüpfel auf die zweite Hirnholzseite geschlagen. Dabei müssen Sie darauf achten, daß die Spitze im Mittelpunkt und die Zacken sich in den eingesägten Linien befinden.

3. Der Reitstock wird bis auf 2 cm herangeführt und wieder festgestellt. Mit dem Handrad drehen Sie die Körnerspitze heraus, bis sie fest aufsitzt. Dann wird das Rad wieder eine Achtelumdrehung zurückgedreht, um den Druck auf die Spitze und das Werkstück zu mindern. Auch die Reibungswärme wird dadurch kleiner.

Da die Spitze sich nicht mitdreht, ist es nötig, als Schmiermittel einen Tropfen Öl, etwas Seife oder Wachs an dieser Stelle aufzutragen.

1

2

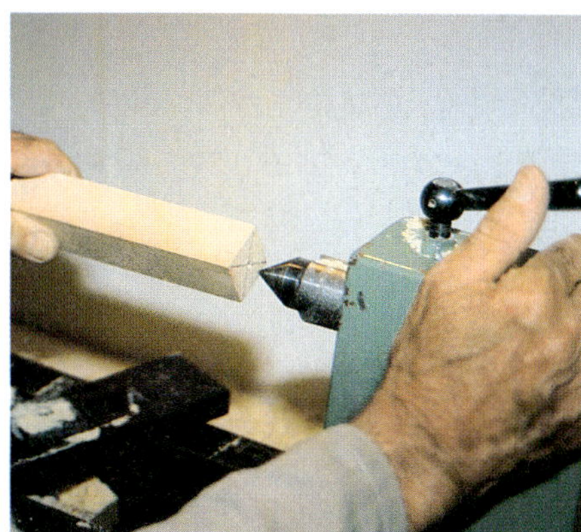

3

1

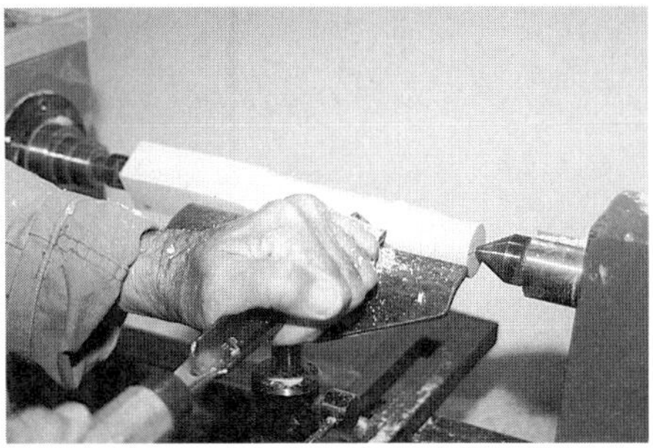
2

3

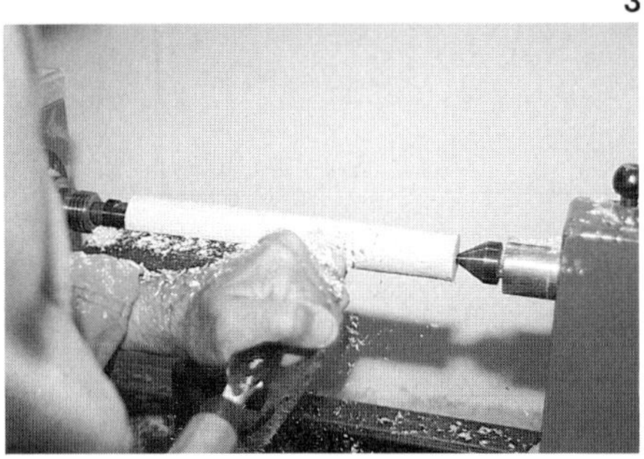
4

Eine Zylinderform herstellen und Profile drehen

Sie sollten es sich zur Gewohnheit machen, zu kontrollieren, ob der Reitstockfeststellriegel und die Körnerspitze fest angezogen sind, bevor die Maschine eingeschaltet wird. Die Handauflage sollte mit 3 mm Abstand zum Werkstück festgestellt sein.

1. Das Runddrehen nennt man auch »Schruppen«. Als Werkzeug wird hierfür die Schrupppröhre benützt. Sie beginnen immer an einem Ende, indem Sie die Röhre im 45-Grad-Winkel zum Werkstück auf die Auflage drücken und nach vorn in das Holz schieben. Das Ende wird so weit abgedreht, bis die größtmögliche Zylinderform erreicht ist. Diese Stärke markieren Sie mit einem Bleistift. Die Linie dient zur Orientierung, um für die Arbeit einen Anhaltspunkt zu haben.

2. Bei immer noch langsamer Geschwindigkeit beginnen Sie mit einigen Schruppschnitten. Wenn die Röhre an die rotierenden Kanten des Holzes trifft, bekommt sie, wenn sie nicht ganz festgehalten wird, einen Schlag. Mit der Zeit haben Sie aber sicher bald heraus, wie Sie das Werkzeug optimal führen.

Jeder Schnitt wird so tief ausgeführt, wie es die markierte Linie zeigt.

3. Wenn Sie in der Mitte angelangt sind, wird die Auflage verschoben und das Holz vom anderen Ende her bearbeitet. Schalten Sie beim Nachschieben unbedingt den Motor aus.

4. Um die Unregelmäßigkeiten der ersten Stiche auszugleichen, wird die Röhre in gleicher Schneidehaltung von links nach rechts mit möglichst gleichmäßigem Vorschub entlang des ganzen Werkstücks geführt.

Sobald eine glatte Zylinderform entstanden ist, erhöhen Sie die Umdrehungsgeschwindigkeit. Die Werkzeugauflage wird näher an das Werkstück gebracht.

5. Nachdem Sie die Zylinderform gedrechselt haben, beginnt die Feinarbeit. Zuerst wird das Werkstück geschlichtet. Das heißt, mit dem Schlichtstahl wird ein feiner Span weggenommen, so daß das Holz ganz glatt wird. Dies ist notwendig, da die feinen Rillen, die nach dem Schruppen geblieben sind, eine exakte Eisenführung für das Profildrehen nicht zulassen. Durch die Unebenheiten kommt es leicht dazu, daß sich das Eisen im Holz fängt.

Der gutgeschliffene Schlichtstahl wird am Griff fest mit der einen Hand umfaßt und mit den Fingern der anderen Hand, deren Ballen auf der Auflage liegt, geführt.

6. Sie bringen das Schlichteisen mehr und mehr von einer Schräglage in die Waagrechte, bis die ersten Späne abfallen. Wenn Sie das Eisen weiter zur Waagrechten hin drücken, ist der ideale Schneidewinkel überschritten und das Holz wird rauh.

7. Ein Zeichen dafür, daß das Werkzeug gut geführt wird, sind die Späne, die in gelockter Form ähnlich wie beim Handhobeln herabfallen.

8. Schlichten Sie über die ganze Breite des Werkstücks. Ist Ihre Auflage zu kurz, schieben Sie diese nach. Dabei müssen Sie den Motor ausschalten.

Nach dem Schlichten beginnt das Einteilen und Markieren der Profile. Mit einem Bleistift oder dem Stechzirkel markieren Sie bzw. ritzen Sie ein, wo Kerben oder Kehlen entstehen sollen. Die vertieften Formen sind etwas leichter zu arbeiten als die erhöhten. Deshalb sollten Sie auch in dieser Reihenfolge üben.

9. Vertiefte Kerben, Platten oder Kehlen werden zunächst mit dem Drehmeißel vorgearbeitet. Bei einer Kerbe führen Sie die lange Spitze gegen das Werkstück. Der Einstich zeigt zur Mitte der Kerbe hin.

Drücken Sie nicht zu lange und zu fest auf das Eisen, sonst glüht die Spitze aus. Arbeiten Sie von beiden Seiten her. Soll eine tiefe Kerbe entstehen, wiederholen Sie den Vorgang entsprechend oft.

10. Platten werden mit dem Abstechstahl ausgeführt, nur daß die seitlichen Wangen senkrecht abgestochen werden. Für besonders schmale Platten benötigen Sie die passenden Eisen.

5

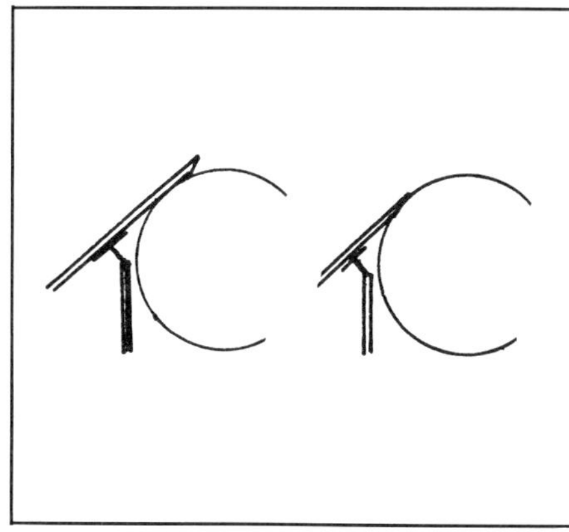

6

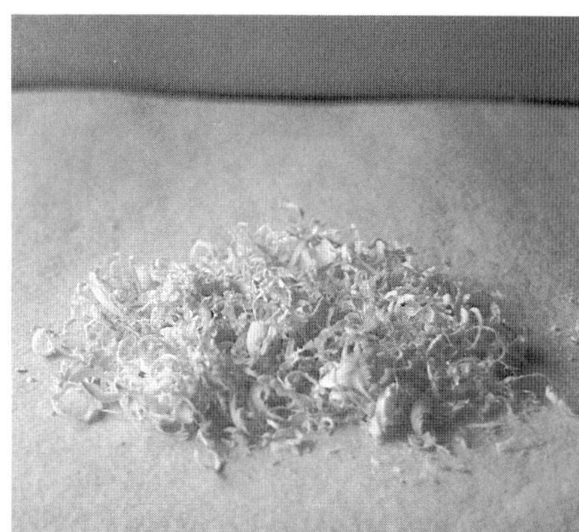

7

8

9

10

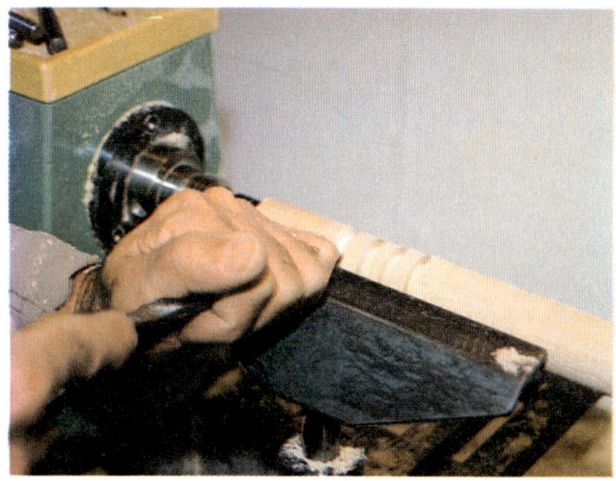
11

12

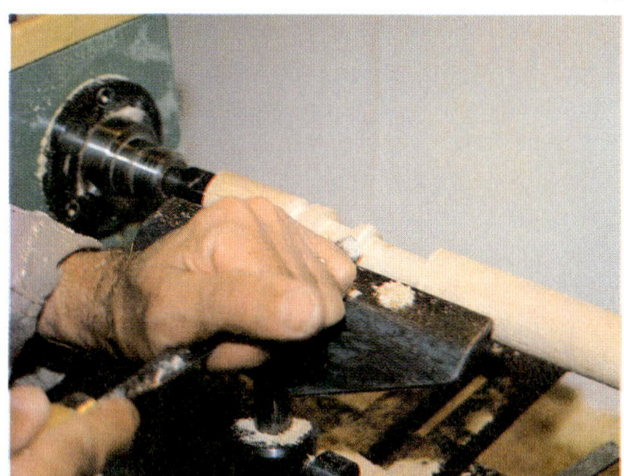
13

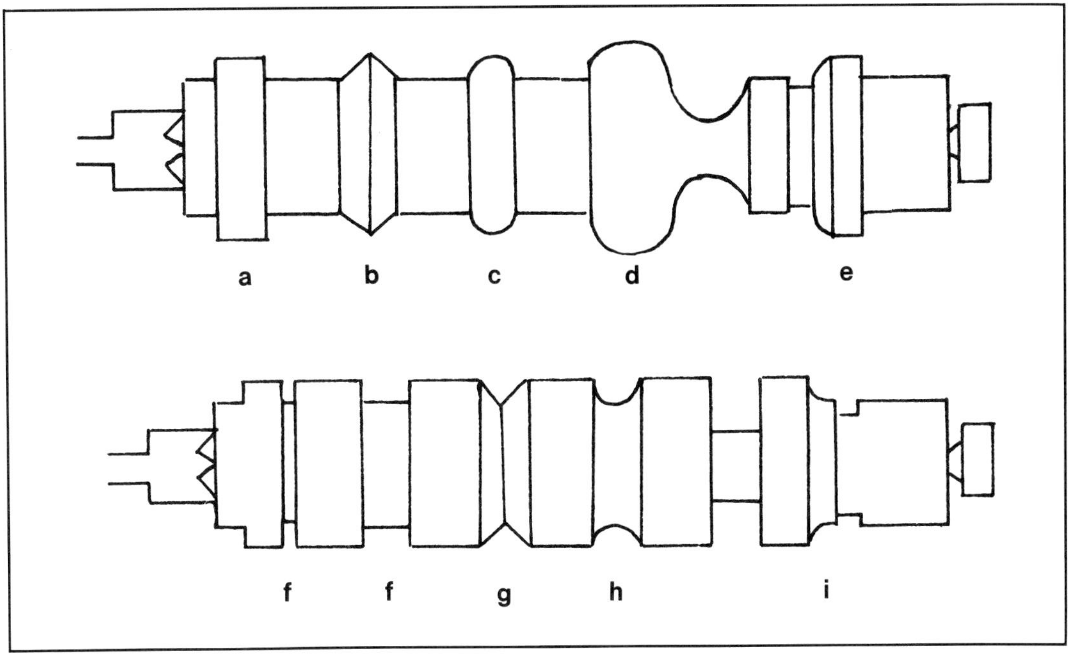

Erhöhte Formen:
a) Platte
b) Spitzstab
c) Rundstab
d) Karnies
e) Viertelstab

Vertiefte Formen
f) Platte
g) Kerbe
h) Hohlkehle
i) Viertelkehle

11. Für Hohlkehlen wird zunächst eine Kerbe vorgearbeitet. Dann nehmen Sie die Formröhre und drehen sie seitlich, so daß sie auf einer Wange aufliegt. Sie führen die Mitte der Schneide an das Holz heran.

Die Kehle formen Sie, indem Sie die Formröhre während des Hineindrückens drehen. Dies erfordert einiges an Erfahrung. Sollte diese schwierige Übung nicht beim erstenmal gelingen, so lassen Sie sich nicht entmutigen.

12. Die erhabenen Formen werden größtenteils mit dem Drehmeißel ausgeführt. Zuerst muß bei allen Formen die gewünschte Breite angezeichnet werden.

Bei einem Spitzstab stechen Sie mit der Spitze des Meißels die Form ab und nehmen das seitliche Material weg.

13. Das gilt auch beim Rundstab. Nur müssen Sie da wieder den Meißel so drehen, daß die gewünschte Form entsteht. Gehen Sie dabei behutsam vor und wiederholen Sie den Vorgang lieber öfters.

Beherrschen Sie alle Grundformen, können Sie frei kombinieren und verändern.

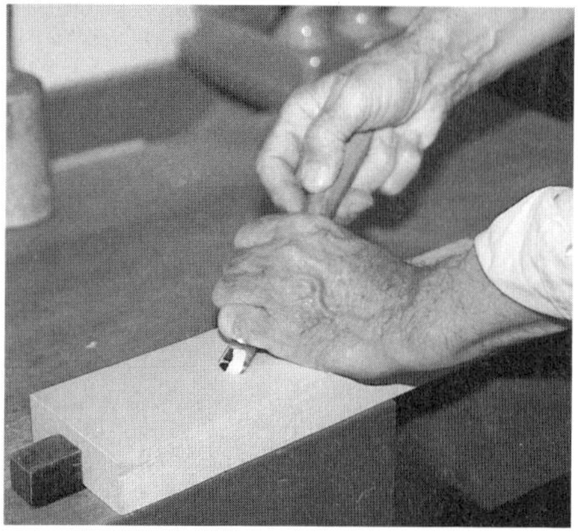
1

2

3

Schnitzwerkzeug richtig handhaben

Bildhauerwerkzeuge sind fast ausnahmslos mit beiden Händen zu halten. Dabei übernimmt eine Hand den Druck auf das Eisen, um das Material wegzuarbeiten. Die andere Hand hat die Aufgabe zu führen und sorgt für den Gegendruck, um zu vermeiden, daß das Eisen abrutscht und zuviel Holz wegnimmt.

1. Am sichersten arbeiten Sie, wenn Sie die Führungshand mit dem Ballen aufstützen. Mit den Fingern halten Sie das Eisen leicht in der Hand, um die Richtung, in der gearbeitet werden soll, zu dirigieren und auch zu korrigieren.

Mit der anderen Hand halten Sie das Werkzeugheft fest umschlossen und bestimmen durch den Winkel, mit dem Sie das Eisen ansetzen, die Schnittiefe.

Die Regel, beide Hände unbedingt am Werkzeug zu haben, dient nicht nur der besseren Schnittführung, sondern auch der eigenen Sicherheit. Scharfe Eisen können erhebliche Schnittwunden verursachen.

2. Beachten Sie auch, immer vom Körper weg zu schnitzen, niemals zum Körper hin. Nach einigen Versuchen, mit dem Werkzeug umzugehen, geht dies alles in Gewohnheit über.

3. Bei gezielten Schnitzversuchen taucht dann das Problem des Faserverlaufs auf: Sie werden bemerken, daß beim Schneiden in bestimmte Richtungen das Holz oft einreißt.

4. Problemlos ist das Schnitzen quer zur Faser. Dabei werden die Faserverbindungen durchtrennt, auf beiden Seiten entsteht eine saubere Kante.

5. Bearbeiten Sie die Holzfaser diagonal, so wird immer eine Seite sauber geschnitten, die andere reißt leicht ein. Ein besseres Ergebnis bekommen Sie, wenn Sie das Hohleisen während der Arbeit in seiner selbst

4

5

6

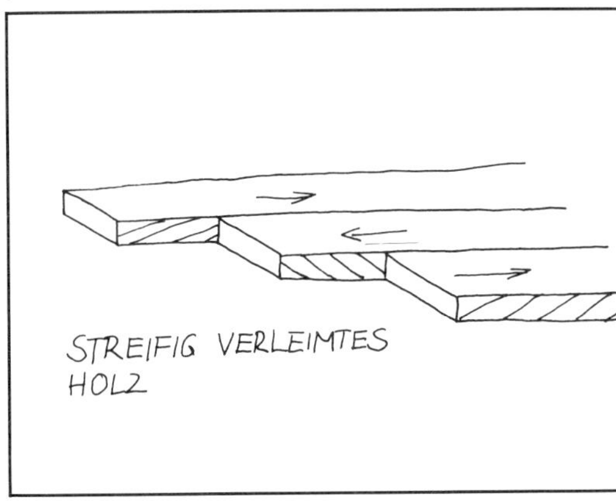

7

geschaffenen Rille schwenken. Dasselbe tritt auf, wenn Sie mit dem Bohrer oder dem Geißfuß arbeiten.

Bei dieser Schneideform ist aber das Schwenken nicht möglich. Um eine saubere Oberfläche zu bekommen, müssen Sie von beiden Seiten her arbeiten.

6. Das Schnitzen längs der Faser kann bei ungünstigen Holzbedingungen am schwierigsten sein. Ist der Faserverlauf wellig, so reißt das Holz ein Stück ein. An dieser Stelle muß dann das Werkzeug von der entgegengesetzten Richtung geführt werden, um den Fehler zu korrigieren. Arbeiten Sie in diesen Fällen besonders vorsichtig, auch um Ihr Werkstück nicht zu verderben.

7. Noch schwieriger ist es, wenn die Richtungen von verleimten Hölzern auf- und abholzig verlaufen. Solche Hölzer sind zum Schnitzen ungeeignet.

Wenn sie unbedingt bearbeitet werden müssen, versuchen Sie, soviel wie möglich quer zur Faser zu arbeiten und mit frisch geschliffenen Eisen vorsichtig längs zu schneiden.

1

2

3

Kerbschnitzen – einfache ornamentale Technik

Das Kerbschnitzen ist eine einfache ornamentale Technik. Im Gegensatz zur schmückenden Reliefschnitzerei geht es nicht darum, Formen zu modellieren, sondern nach einer exakten Zeichnung mit meist nur wenigen Stichen des Schnitzeisens ein Muster in das Holz zu arbeiten. Dabei kommt es vor allem auf die saubere Ausführung der Arbeit an. Kerbschnitzerei lebt von der Frische harter Kanten, sauber gestochener Linien. Wenn an den tiefsten Stellen des Musters Holzfasern hängenbleiben, ist die Ausführung der Technik nicht gelungen.

1. Wenn Sie ans Werk gehen, teilen Sie zunächst Ihre zur Verfügung stehende Fläche ein und zeichnen die Muster sauber mit einem weichen Bleistift auf.

2. An der Stelle, die am tiefsten werden soll, stechen Sie mit dem passenden Eisen ein. Lassen Sie sich Zeit, das in Form und Breite richtige Werkzeug zu suchen. Meist genügt es, mit der Hand kräftig auf das Eisen zu drücken. Sie können auch mit einem Schlag des Handballens nachhelfen.

3. Im nächsten Arbeitsschritt versuchen Sie, den Stich in einem Zug zu vollenden. Gelingt Ihnen das nicht, arbeiten Sie zunächst das Grobe heraus und lassen nur einen Span stehen. Wiederholt sich das Muster einige Male, ist es einfacher, zuerst alle senkrechten Stiche auszuführen und dann erst den Span herauszunehmen. Kerbschnitzmuster gibt es in unzähligen Variationen, fast jede graphische Zeichnung läßt sich umsetzen. Die meisten Anregungen finden sich dabei im Möbel- und Innenausbau. Auch Ornamente mit nur wenigen Stichen können an einem Schrank oder einer Balkendecke sehr wirkungsvoll sein: die Tiefe, mit der die verschiedenen Muster ausgeführt sind, spielt in solchen Fälle eine große Rolle.

Schmückende Reliefschnitzerei

1. Beim Entwurf eines Ornaments müssen Sie darauf achten, daß alle Teile in Form und Größe aufeinander abgestimmt werden, daß die Proportionen stimmen.
2. Der fertige Entwurf wird auf das Holz übertragen. Die Holzstärke sollte bereits hergerichtet sein. Für Flach- oder Ornamentschnitzereien sind Holzstärken von 15 bis 30 mm üblich.
3. Um sich die Arbeit zu erleichtern, können Sie mit der Stichsäge das Motiv aussägen. Damit haben Sie die Umrißlinien herausgearbeitet und können von besseren Anhaltspunkten ausgehen. Kommen bei Ihrem Motiv Durchbrüche vor, werden auch diese mit der Stichsäge ausgesägt. Dazu bohren Sie zuerst ein so großes Loch, daß das Sägeblatt hindurchpaßt.
4. Das ausgesägte Motiv kann jetzt nicht mehr in die Hobelbank eingespannt werden. Es ist auch sonst recht schwer mit Schraubzwingen zu befestigen, weil die Gefahr besteht, daß das Holz bricht. Aber es gibt ein einfaches Hilfsmittel: eine Spanplatte in passender Größe wird mit etwas verdünntem Leim bestrichen, ein Blatt Zeitungspapier daraufgelegt.
5. Das ausgesägte Holz für die Schnitzarbeit wird auf der Rückseite ebenfalls mit Leim bestrichen und auf das Zeitungspapier gelegt.
6. Mit einigen Zwingen wird das Schnitzholz gepreßt, bis der Leim angezogen hat. So können Sie jetzt die Spanplatte zwischen die Bankhaken klemmen und Ihr Werkstück ohne störende Zwingen bearbeiten.
Wenn Sie mit dem Schnitzen fertig sind, kann mit einem Balleisen das Werk abgehoben werden. Das Zeitungspapier verhindert, daß sich der Leim und die Platte verbinden, zum Arbeiten gibt diese Hilfskonstruktion aber genügend Halt.

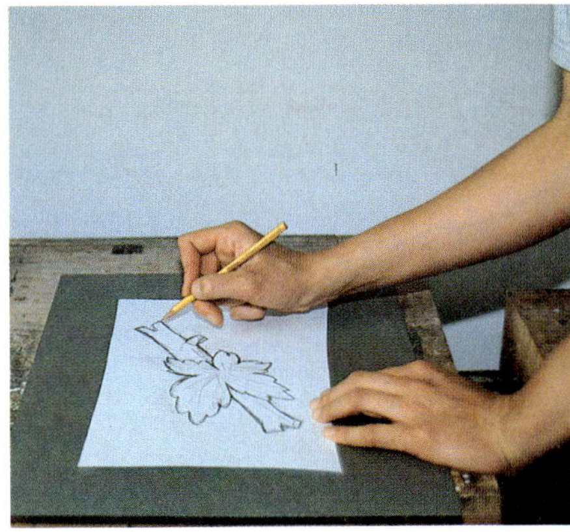

1

2

3

4

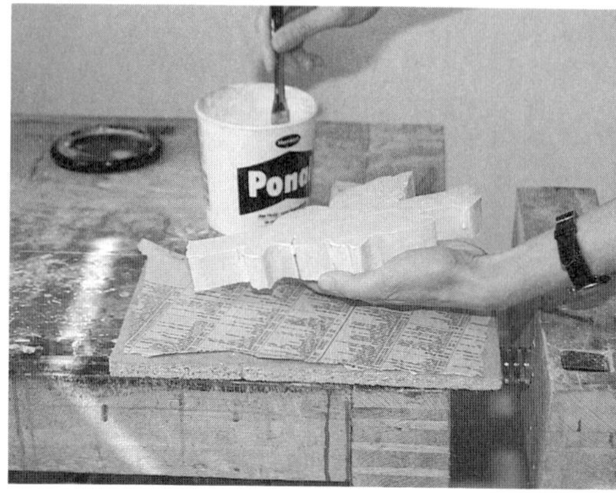

5

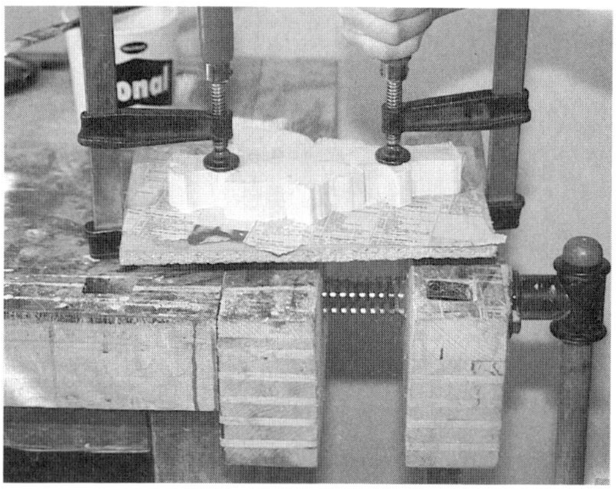

6

7

8

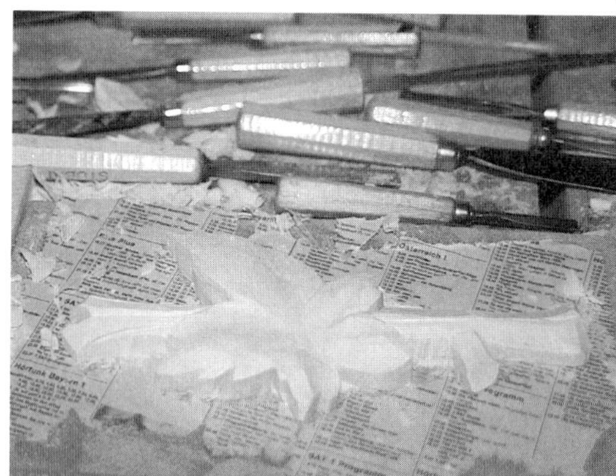

9

7. Nach diesen vorbereitenden Arbeiten kommen Sie zum eigentlichen Anlegen des Reliefs. Mit »Anlegen« bezeichnet man den Vorgang des plastischen Herausarbeitens der Form. Zuerst sehen Sie noch die vorgezeichneten Linien auf dem Holz. An diesen erkennen Sie, welche Stellen hoch und welche tiefer gelegt werden müssen.
Verwenden Sie den Geißfuß oder Bohrer und schneiden Sie mit etwas Abstand zu den gezeichneten Linien. Arbeiten Sie zu Anfang immer mit weichen Übergängen und stechen Sie nicht schon zu Beginn mit einem Eisen die herauszuarbeitenden Kanten senkrecht ab. Dies wird erst zu einem späteren Zeitpunkt geschehen.

8.–9. Größere Flächen, die Sie mit einem Bohrer oder Geißfuß abgesetzt haben, werden mit einem breiteren Flacheisen tiefer gelegt. Bearbeiten Sie immer das ganze Werkstück in einer Arbeitsphase. Vermeiden Sie es, sich an einer Ecke zu verbeißen, diese fertig zu machen und alles andere noch grob stehenzulassen.
Nach der Überarbeitung erkennt man die Anlage der Arbeit und kann beurteilen, ob alles zusammenstimmt. Geringfügige Änderungen sind jetzt noch möglich.

10. Im nächsten Arbeitsschritt beginnen Sie bereits mit dem Modellieren, d. h. mit dem tiefen und exakten Ausarbeiten der Form. Dazu setzen Sie die Kanten scharf ab, indem Sie das in der Form passende Flacheisen benützen und damit senkrecht abstechen.
Dabei sollten Sie eher eine Spur zu tief schneiden: dann fällt der wegzunehmende Span leichter heraus. Diese Technik gibt der Schnitzerei einen stärkeren Schatten in den Tiefen. Versuchen Sie, zusammenhängende Formen in einem Zug zu schnitzen. Viele kleine Schnitzspuren lassen eine Arbeit meist kleinlich aussehen.

11.–12. Vor dem Abnehmen von der Platte werden die Kanten etwas hinterarbeitet. Dadurch erscheint die Arbeit leicht und plastischer. Das Hinterschneiden kann auch an der abgenommenen Arbeit vorgenommen werden. Dann ist aber große Aufmerksamkeit auf die Finger geboten: bei dieser Arbeit schneidet man sich sehr leicht und tief. Eventuelle Zierschnitze werden ganz zuletzt aufgesetzt.

10

11

12

Tischlampe mit gedrechseltem Fuß

Eine geschnitzte Tür verziert das Wandschränkchen

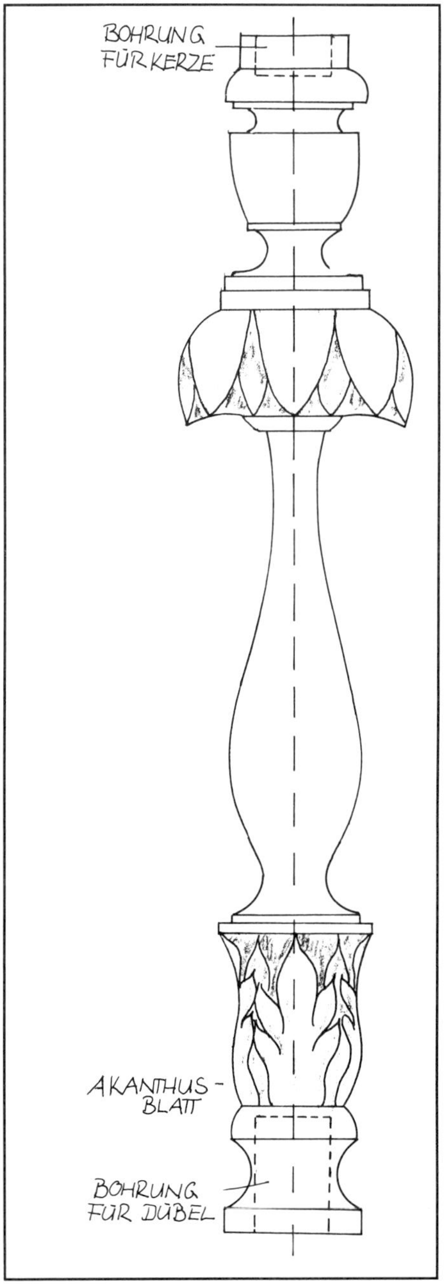

1

Gedrechselter Leuchter mit Ornamenten

Material

Je ein Vierkantholz mit den Maßen:
13 × 12 × 12 cm
32 × 7 × 7 cm
10 × 2,5 × 2,5 cm
Holzleim.

Werkzeug

Schwierigkeitsgrad

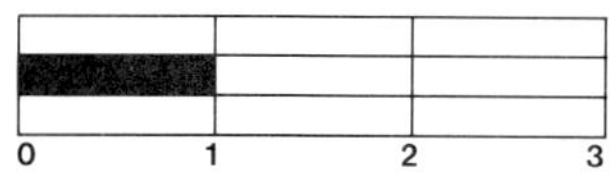

Kraftaufwand

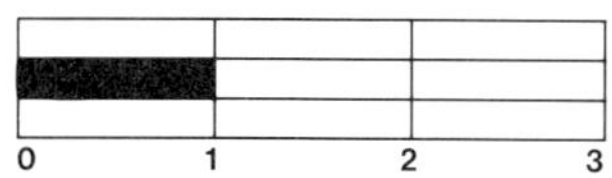

Arbeitszeit

Sie müssen mit einem Arbeitsaufwand von 12 Stunden rechnen.

Ersparnis

Sie können etwa 400 DM einsparen.

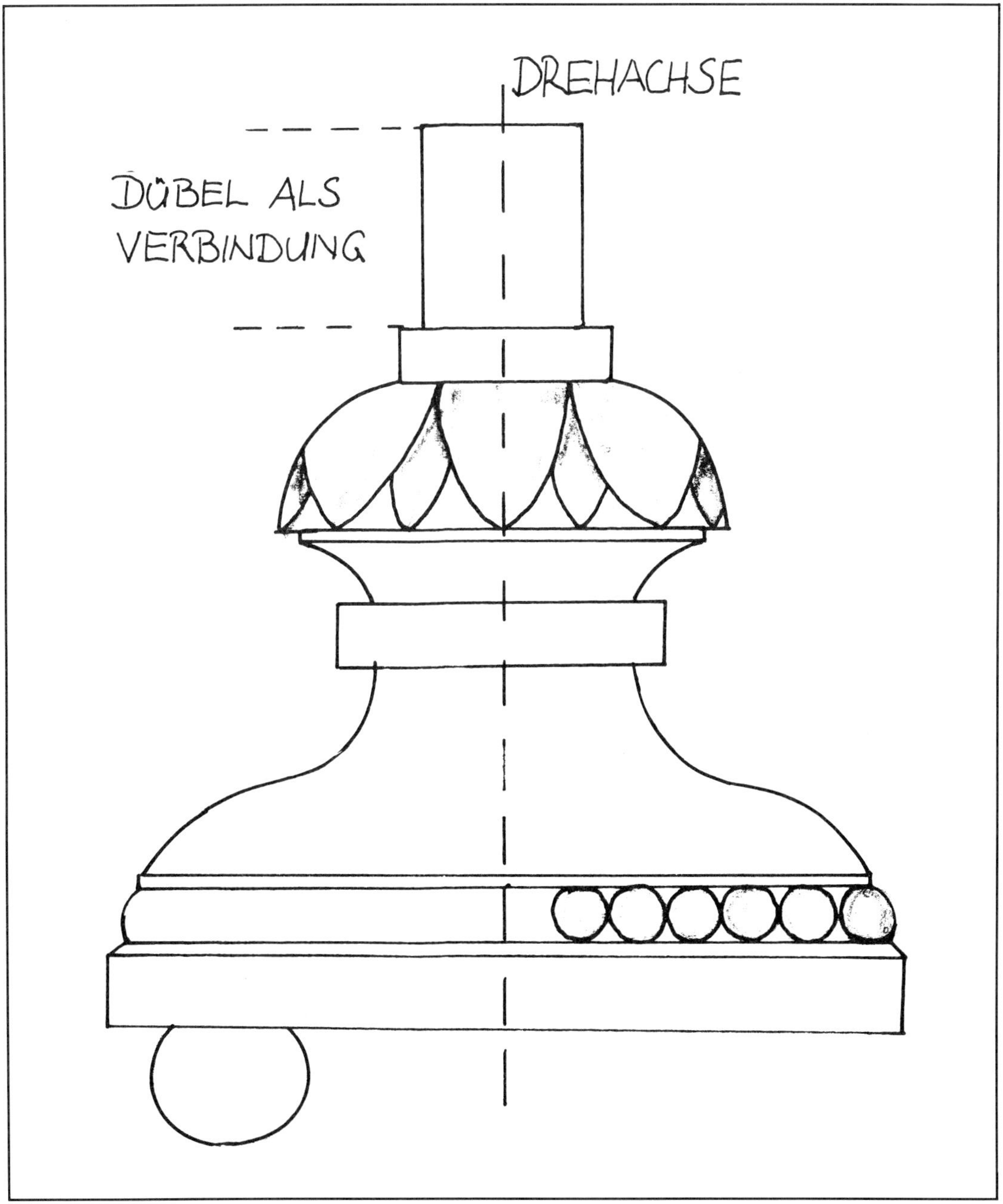

2

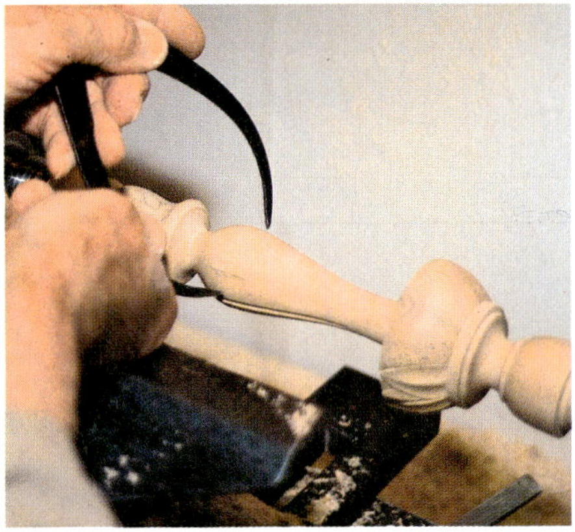

3

4

5

Als Holzart kommt Linde in Frage, wenn der Leuchter hernach noch gebeizt oder auch vergoldet wird. Soll das Holz unbehandelt bleiben, ist Zirbelholz die bessere Lösung.

Arbeitsanleitung

1.–2. Der Leuchter wird in mehreren Teilen gedreht, weil dann der Holzverschnitt nicht so groß ist.

Der Fuß des Leuchters ist 10,5 cm hoch, der Verbindungsdübel 2,5 cm. Für das obere Teil benötigen Sie ein 32 cm langes Holzstück. Die Proportionen der Bauteile können Sie der Zeichnung entnehmen.

Beide Stücke sind Langholzteile und können mit dem Dreizack gedreht werden. Doch zuvor werden die beiden Holzteile grob zugerichtet, und zwar mit der Band- oder der Kreissäge.

3. Sie bestimmen den Mittelpunkt und spannen das erste Teil ein. Nach dem Schruppen und Schlichten ritzen Sie mit dem Zirkel die Abstände der Formen ein.

Leichte Abweichungen von den Formen, die in den Zeichnungen vorgegeben sind, können ohne weiteres in Kauf genommen werden. Versuchen Sie nur, die Proportionen der Teile zueinander beizubehalten.

4.–6. Die beiden Teile werden mit einem Dübel verbunden. An das untere Teil, den Fuß, drehen Sie einen Zapfen mit einer Stärke von 25 mm. In das obere Aufsatzteil wird nach der Fertigstellung ein Loch gebohrt. Dazu lassen Sie das Werkstück an der Drehbank. Sie wechseln den Dreizack gegen einen Bohrer aus und führen mit dem Reitstock als Zentrierhilfe den Bohrer so tief wie nötig in das Holz.

Als Füße werden drei um ein Drittel gekappte Kugeln an dem Sockelteil angebracht. Diese Kugeln können Sie aus einem Holzstück herstellen. Das heißt, Sie drehen drei Kugeln hintereinander, die Sie dann mit der Bandsäge oder der Feinsäge trennen. Befestigt werden die Füße mit Dübel.

Nach dem Drechseln werden die Teile auch wieder einzeln geschnitzt und erst nach der Fertigstellung zusammengeleimt. Um mit dem Schnitzen beginnen zu können, müssen alle Ornamente mit einem weichen Bleistift aufgezeichnet werden. Zeichnen Sie nicht frei Hand, sondern messen Sie die Abstände mit dem Zirkel ab. Die beiden Viertelstäbe am Sockel- und Aufsatzteil werden in acht gleiche Umfangabschnitte eingeteilt. Diese Hilfslinien geben die Breite der Blätter an, die geschnitzt werden. Einfache Umrißlinien genügen, Zierlinien werden erst später aufgezeichnet. Auf dem geschwungenen Teil in der Mitte des Leuchters markieren Sie ebenfalls Blätter, diesmal in dreiteiliger Form. Die Breite erstreckt sich dabei über ein Viertel des Umfangs. In den Zwischenräumen wird ein darunterliegendes Blatt angedeutet (vgl. Abb. 1 und 2).

7. Der Rundstab im Sockelteil wird mit einer Perlenreihe geschmückt. Der Rundstab ist 8 mm hoch und so breit sollten auch die geschnitzten Perlen werden.

Die Perlen werden mit dem Geißfuß vorbereitet und mit einem in Form und Größe passenden Eisen überarbeitet. Unsaubere Winkel zwischen den Kugeln putzen Sie mit einem spitz zugeschliffenen Balleisen aus.

Bei der Schnitzarbeit an diesem Leuchter handelt es sich zwar nicht um Kerbschnitzerei, trotzdem ist das genaue Vorzeichnen äußerst wichtig. Die exakt vorgedrechselte Form läßt keine Experimente während der Schnitzarbeit zu.

8. Am besten wird der Leuchter mit zwei Beilegehölzern in die Hobelbank eingespannt. So können die fertigen Enden nicht beschädigt werden. Mit dem Geißfuß werden die Konturen der Blätter abgesetzt.

Nachdem die Ornamente an allen Teilen gleich weit angelegt sind, wird alles sauber geschnitten. Dazu verwenden Sie vor allem die schmalen Eisen von Stich drei, fünf und elf. Die nötigen Eisen sind vorher mit dem Abziehleder oder mit der Gummischeibe nochmals zu schärfen.

Die Kanten müssen Sie, um ein sauberes Ergebnis zu erzielen, scharf und tief genug abstechen. Entsteht durch den starken Einstich eine dunkle Linie entlang der Kanten, so ist dies kein Fehler, sondern ein wesentliches Gestaltungselement der Reliefschnitzerei. Dadurch wird ein stärkerer Schatten der Ornamente vorgetäuscht und flache Schnitzereien können so um einiges plastischer wirken.

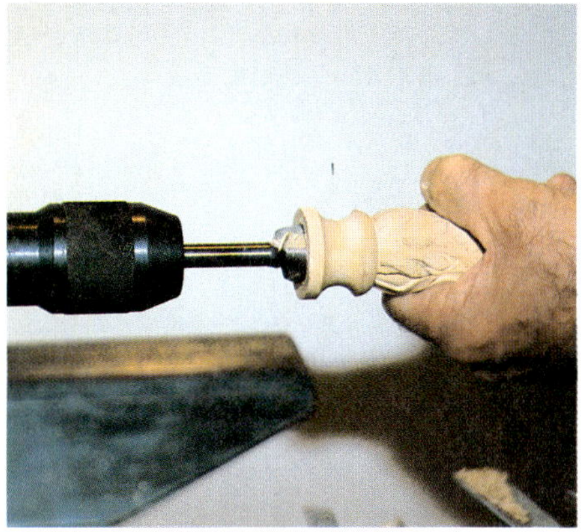

6

7

8

9

10

9. Die Blätter werden innerhalb der Form noch modelliert. Eine Blattrippe oder eine vertieft auslaufende Blattspitze machen das Motiv lebendig.

Zur weiteren Auflockerung werden an dem langen Mittelteil acht Kannelüren eingeschnitzt, die nach oben und unten sehr flach auslaufen und nur in der Mitte stärker vertieft sind.

Beim oberen Abschluß müssen Sie die Vertiefung für die Kerze noch anbringen. Eine normale Tafelkerze hat einen Durchmesser von 2 cm, Schmuckkerzen sind meist etwas stärker. Sie können mit einem 20, 22 oder 25 mm starken Bohrer arbeiten. Achten Sie darauf, daß die Seitenwände nicht zu dünn werden.

10. Als Schutz vor herunterlaufendem Wachs können Sie einen Glasring, wie es ihn in Fachgeschäften zu kaufen gibt, an die Kerze stekken. Sie können sich aber auch vom Spengler einen kleinen Teller aus Messing machen lassen, der aufgesteckt wird.

Die Oberfläche kann aber gebeizt, gewachst, vergoldet oder auch poliert werden. Zum Polieren wird Schellackmattierung verwendet. Sie wird mit einem Lappen auf das Holz aufgetragen und gerieben, bis der Schellack eingezogen und das Lösungsmittel verdunstet ist. Dies wirdt so oft wiederholt, bis ein matter Glanz stehenbleibt. Die Vergoldung überlassen Sie dem Fachmann.

Spiegelrahmen mit geschnitztem Aufsatz

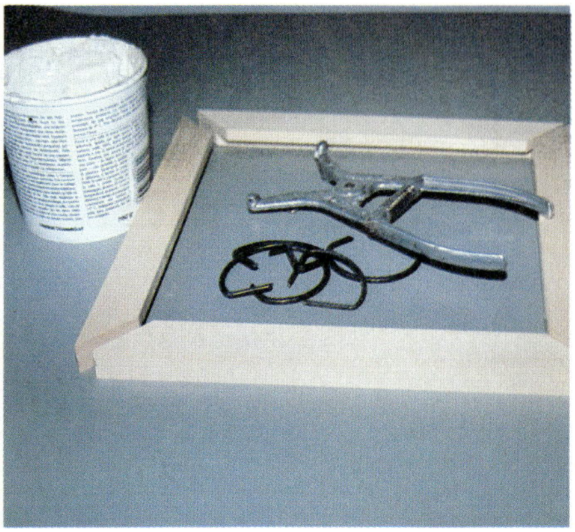

1

2

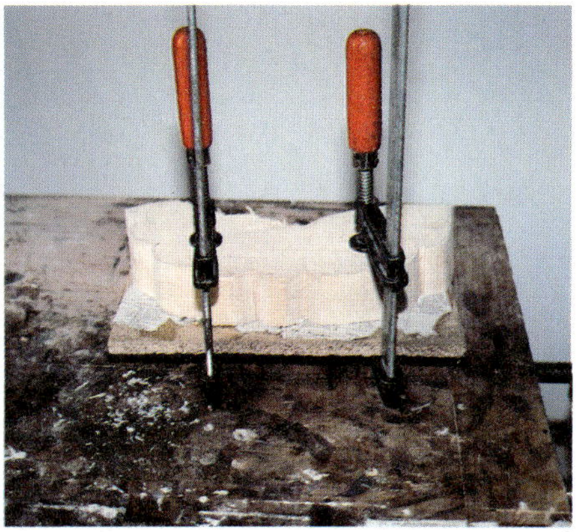

3

Ein Spiegelrahmen mit geschnitztem Aufsatz

Material

Linden- oder Zirbelholz 29 × 13 × 4 cm, vier Rahmenhölzer 30 × 3,5 × 2 cm, Preßspanplatte zum Aufleimen des Schnitzholzes, Holzleim.

Werkzeug

Schwierigkeitsgrad

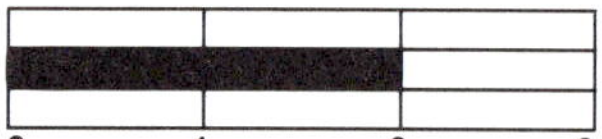

Kraftaufwand

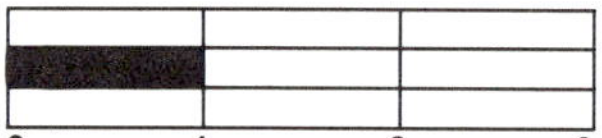

Arbeitszeit

In 20 Stunden können Sie den Spiegelrahmen bauen.

Ersparnis

Sie müssen mit etwa 300 DM Mehrkosten rechnen, wenn Sie diesen Rahmen kaufen.

4

5

6

7

Für den Spiegelrahmen mit dem geschnitzten Aufsatz ist zunächst das Rahmenteil vorzubereiten. Als Holzarten kommen Linde oder Zirbel in Frage. Die Rahmenhölzer sind 2 cm stark, haben ein glattes Profil und für den Spiegel einen Falz von mindestens 5 mm Breite. Die Größe des Rahmens ist in dieser Arbeitsanleitung mit 30×30 cm vorgegeben.

Arbeitsanleitung

1.–2. Für die Haltbarkeit bei der Aufnahme eines Spiegels genügt es, wenn Sie die Ecken stumpf verleimen. Besonders wichtig für einen Schmuckrahmen ist es, daß die Gehrungsstöße exakt aneinanderpassen. Deshalb ist besondere Aufmerksamkeit bei der Arbeit mit der Gehrungslade geboten. Auch wenn Sie mit der Tischkreissäge arbeiten: sorgen Sie dafür, daß der Anschlag richtig eingestellt ist.

Die Leimfuge wird mit den Rahmenklammern gepreßt. Als Schutz gegen die Druckstellen legen Sie ein gutangefeuchtetes Beilageholz an den betreffenden Stellen unter. So können Sie die Klammern fest ansetzen, ohne das Holz zu beschädigen. Das angefeuchtete Holz hat so viel Haftung, daß es nicht wegrutscht. Den fertigen Rahmen legen Sie erst einmal beiseite, da zuerst der Aufsatz geschnitzt werden muß.

3. Dazu wird das 4 cm starke Lindenholz mit der Stichsäge grob ausgesägt und, mit einer Zwischenschicht aus Zeitungspapier, auf eine Spanplatte geleimt.

4. Das Relief hat einen Höhenunterschied von ungefähr 3,5 cm, der herausgearbeitet werden muß. Dazu bestimmen Sie zuerst die höchsten Punkte. In der Zeichnung sind alle deutlich zu erkennen.

5. Diese Blüten lassen Sie stehen und arbeiten den gesamten restlichen Teil des Holzes um 5 mm tiefer.

6. Dann haben Sie schon die nächsthöheren Punkte: die beiden Rosenknospen und eine der hochstehenden Blattspitzen. Arbeiten Sie genau nach den Höhenangaben der Zeichnung und geben Sie nicht aus Unsicherheit einige Millimeter zu. Das könnte unter Umständen kompliziert werden.

Die hohen Punkte messen Sie mit dem Zirkel aus und bezeichnen sie so, daß Sie beim weiteren Vorgehen immer einen Anhaltspunkt haben: zum Beispiel mit einem Kreis oder einem Kreuz. Beim Ausmessen der verschiedenen Punkte müssen Sie einen Punkt immer durch drei verschiedene Meßzahlen festlegen, sonst zieht ein Meßfehler immer weitere nach sich.

Nachdem Sie die höchsten Blütenpunkte festgelegt haben, können Sie die Blätter und die seitlichen Bänder um gut 1,5 cm tieferlegen. Vermeiden Sie dabei, mit dem Eisen zu tief einzustechen, arbeiten Sie vielmehr mit dem Geißfuß oder dem Bohrer. Auch damit kommen Sie gut voran und gehen nicht das Risiko ein, daß schließlich mehrere Stichspuren im Holz den Wert Ihrer Arbeit vermindern.

Die Hinterschneidungen der Blüten und Blätter arbeiten Sie vorerst noch nicht so stark aus. Je dünner das einzelne Blatt wird, desto leichter bricht es.

Wenn ein Teil abbrechen sollte, sei es durch falsche Handhabung des Eisens oder durch einen Fehler im Holz, braucht Sie das nicht zu beunruhigen. Das abgebrochene Stück bewahren Sie auf und leimen es mit ein wenig Schnelleim an, bevor Sie sauber zu schneiden beginnen.

7. Die drei Blumen können Sie schon beim Anlegen mit Blütenstempel und Blütenblätter schnitzen. Die beiden Rosen legen Sie als Halbkugeln an. Erst nachdem Sie die Grobform herausgearbeitet haben, beschäftigen Sie sich mit den Blättern.

Dies kann dem einen oder anderen Schwierigkeiten bereiten. Studieren Sie zuerst genau auf der Zeichnung, wie die Blätter ineinanderlaufen. Das eine Blattende läuft einmal unter ein anderes hinein, auf der anderen Seite über eines. Wenn Sie dieses Prinzip verstanden haben und es vielleicht noch selbst kurz skizzieren, wird Ihnen das Schnitzen der Rose nicht mehr schwerfallen. Am besten arbeiten Sie dabei mit dem Geißfuß.

8.–9. Das angelegte Ornament wird jetzt saubergeschnitzt. Dabei müssen Sie vor allem darauf achten, daß die tiefen Stellen zwischen den Blütenblättern sauber sind und keine Holzfransen mehr hängenbleiben. Beim Sauberschneiden der Rosenblätter versuchen Sie, mit einem Schnitt das Blatt zu fertigen.

8

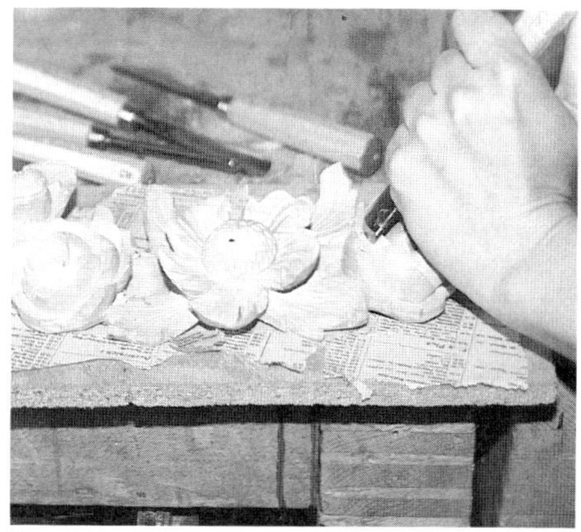

9

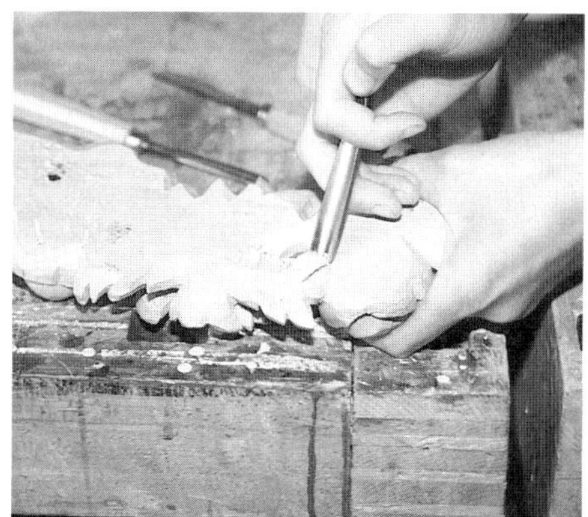

10

11

12

13

14

Die Durchbrüche dienen als Auflockerung. Sie können zur Erleichterung ihrer Ausarbeitung einige Male mit der Bohrmaschine vorbohren.

10. Nachdem Sie das Relief von der Platte abgenommen haben, werden die Durchbrüche von hinten noch nachgearbeitet. Für die Zierschnitte verwenden Sie einen frisch geschliffenen kleinen Bohrer oder einen Geißfuß.

11.–12. Nach der Fertigstellung wird der Aufsatz mit zwei Holzplättchen und Schrauben am Rahmen befestigt. Der Aufhänger sollte kräftig sein und möglichst in der Mitte der Schnitzerei angebracht werden, so daß er, wenn der Spiegel hängt, nicht mehr sichtbar ist.

13. Den Spiegel lassen Sie am besten bereits beim Glaser zuschneiden. Als Rückwand benötigen Sie noch einen starken Karton oder eine Hartfaserplatte. Den Karton haben Sie vielleicht zu Hause, die Platte gibt es im Heimwerkermarkt. Befestigt wird der Spiegel am einfachsten mit dünnen Nägeln, die Sie seitlich mit der Kombizange in das Rahmenholz drücken.

14. Die Oberfläche kann einfach mit Bienenwachs behandelt werden.

Tischlampe mit gedrechseltem Fuß

Material
Fichtenholz 16 × 16 × 5 und 24 × 5 × 5 cm, Holzleim, Stromkabel, Birnenfassung, Glühlampe, Messingrohr Ø 10 mm und 50 mm Länge, Stecker, Lampenschirm, Bezug.

Werkzeug

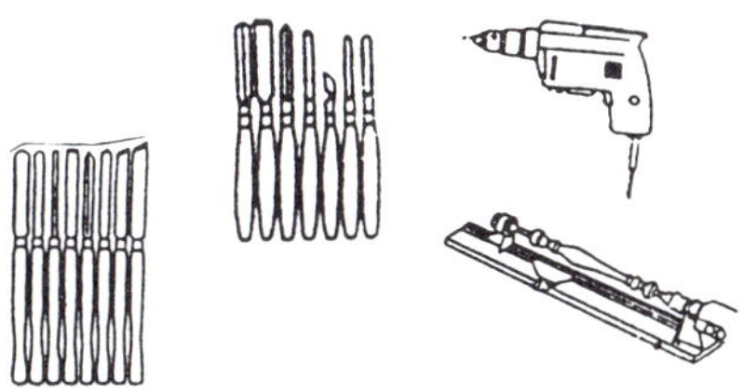

Schwierigkeitsgrad

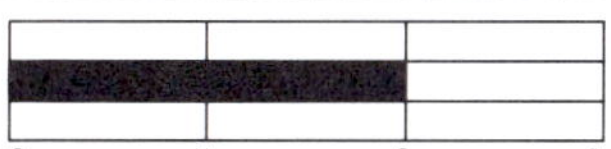

Kraftaufwand

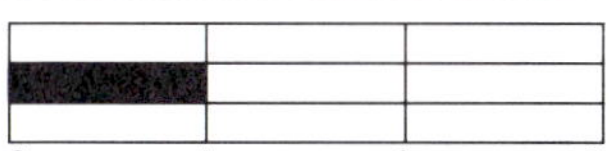

Arbeitszeit
Die Tischlampe fertigen Sie in 8 Stunden.

Ersparnis
Durch das Selbstdrechseln sparen Sie sich 250 DM.

1

2

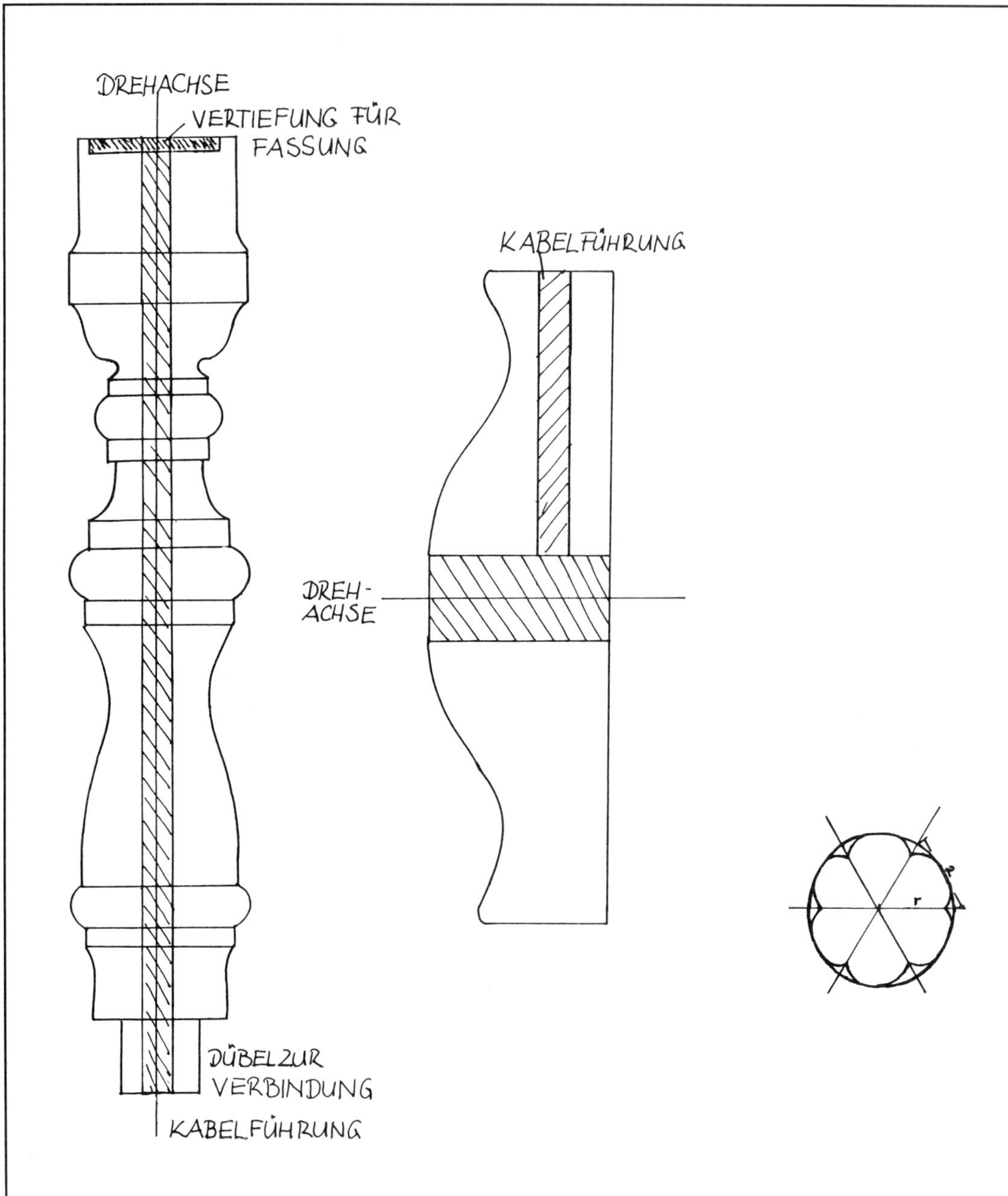

Werkzeichnung

Arbeitsanleitung

1. Die kleine Tischlampe mit dem Stoffschirm besteht aus einem Fuß, der aus einem Langholz gedrechselt ist, und einer Standplatte, bei der Sie Querholz bearbeiten müssen. Zunächst bereiten Sie wieder möglichst genau die beiden zugesägten Teile vor. Das Langholzteil besteht aus einem Vierkant 5×5 cm und ist 20 cm hoch. Das Querholzteil ist ebenfalls 5 cm stark mit einem Durchmesser von 25 cm. Achten Sie darauf, daß keine Risse das Holz durchziehen. Besorgen Sie sich jetzt schon alle benötigten Teile für die elektrische Anlage.

Der leichtere Teil der Arbeit ist das Drechseln des Langholzes. Dabei können Sie genau, wie in den Grundkursen beschrieben, arbeiten.

Der schwierige Teil ist die Bearbeitung der Standplatte. Sie kann am einfachsten auf dem Scheibenfutter mit Schrauben befestigt werden. Dazu muß der Boden aber bereits plangehobelt sein.

2. Stellen Sie den Motor auf niedrigste Geschwindigkeit. Zuerst drehen Sie den äußeren Rand, wie beim Langholzdrehen wird geschruppt und geschlichtet.

Die Handauflage steht dabei fast quer zum Holz. Mit der breiten Formröhre und danach mit dem Plattenstahl wird die äußere Form etwas unterhalb der Mitte abgestochen. Versuchen Sie, möglichst schon beim erstenmal den richtigen Schneidewinkel zu treffen, die Gefahr des Einreißens ist beim Querholzdrehen groß.

3.–4. Nachdem Sie den Rand sauber bearbeitet haben, stellen Sie die Werkzeugauflage so ein, daß sie parallel zum Holz steht. Beim Auflegen des Eisens muß die Schneide etwa 2 cm über dem Mittelpunkt des Kreises stehen. Auf dieser Höhe müssen Sie Ihr Eisen immer halten. Ist es zu hoch angesetzt, nimmt es keinen Span, liegt es zu tief, reißt es ins Holz ein. Halten Sie das Werkzeug fast senkrecht auf das Holz. Verwendet werden zum groben Vorarbeiten die Formröhre und zum Glätten der Ausdrehstahl.

5. Gelingt Ihnen das Querholzdrehen noch nicht so gut, können Sie im letzten Arbeitsgang mit verschiedenen Schleifpapieren die letzten Unebenheiten wegnehmen. Das Schleifpapier wird immer auf der dem Körper

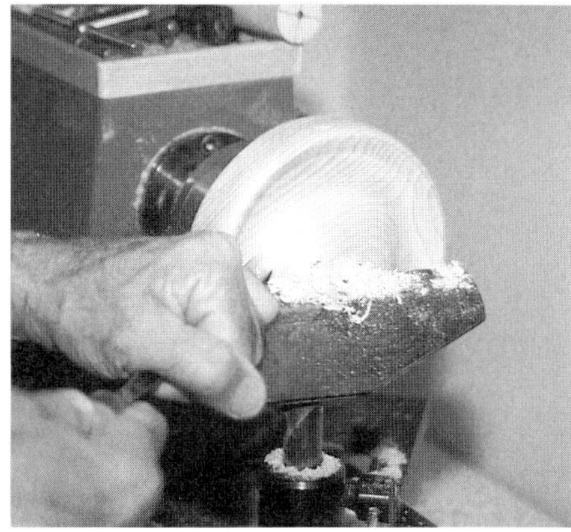

3

4

5

6

7

8

9

zugewandten Seite angedrückt. Achten Sie darauf, daß Sie beim Schleifen die Werkzeugauflage zurückschieben, da sonst bei einer Unachtsamkeit leicht die Finger eingezwickt werden können.

Zur Auflockerung des Sockelteils können Sie Einkerbungen zunächst sägen, dann noch schnitzen und verschleifen. In der Werkzeichnung sind die Einarbeitungen vorgesehen, Einteilung und Tiefe der Kerben können Sie daraus ersehen. Natürlich können Sie diese zur Vereinfachung auch weglassen, am weiteren Arbeitsablauf ändert sich dadurch nichts.

6. Am Langholzteil haben Sie, wie in der Zeichnung angegeben, einen Zapfen zur Verbindung der beiden Teile gedreht. Wenn Sie sich sicher genug fühlen, können Sie in der Mitte des Sockelteils die nötige Aussparung vorarbeiten. Mit der Formröhre wird zuerst eine Vertiefung geschaffen und danach mit dem Ausdrehstahl exakt ausgearbeitet.

7. Die seitliche Bohrung für den Kabeldurchzug können Sie ebenfalls schon anbringen. Sie setzen den 10-mm-Bohrer an der Außenfläche an und bohren in Richtung Mittelpunkt, bis Sie am Loch für den Zapfen des oberen Teils durchstoßen. Ziehen Sie den Bohrer einige Male wieder zurück und entfernen Sie die Holzspäne. Die Reibung wird sonst zu groß und bei der Erhitzung glüht der Bohrer aus.

8. Im Fuß der Lampe müssen Sie natürlich auch noch ein Loch schaffen, damit Sie das Kabel nach oben zur Fassung ziehen können. Dazu spannen Sie das fertige Teil in die Hobelbank ein (Beilegehölzer als Druckschutz nicht vergessen!) und bohren möglichst senkrecht durch. Wenn Sie keinen so langen Bohrer haben, arbeiten Sie von beiden Seiten her.

9. An der Fassung für die Glühbirne ist ein Gewinde angebracht, in das Sie ein Messingrohr mit 10 mm Durchmesser und etwa 5 cm Länge einschrauben. Das Messingrohr wird dann in das Loch im Holz gedreht oder auch geschlagen. Bohren Sie das Holz keinesfalls weiter aus, die Befestigung muß fest sitzen. Den Anschluß der Drähte überlassen Sie besser dem Fachmann, wenn Sie sich nicht genug auskennen.

Eichenstuhl mit geschnitzter Lehne

Material

Eichenholz oder anderes zum Schnitzen geeignetes Holz:
1 × 51 × 29 × 2 cm, 1 × 43 × 37 × 2,5 cm,
2 × 37 × 4 × 2 cm, 4 × 50 × 6 × 6 cm,
Holzleim.

Werkzeug

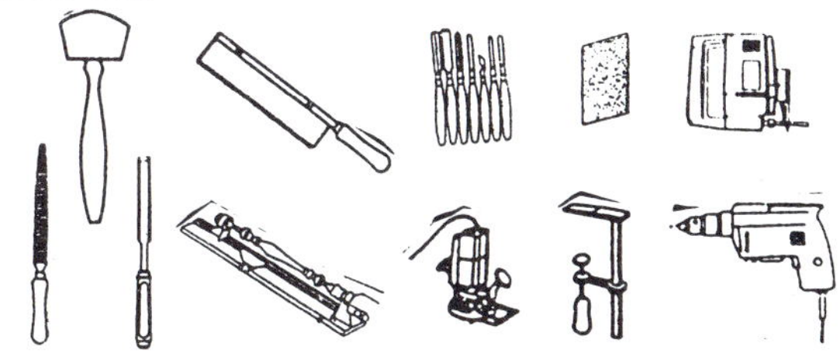

Schwierigkeitsgrad

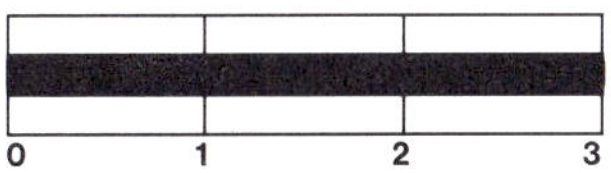

Kraftaufwand

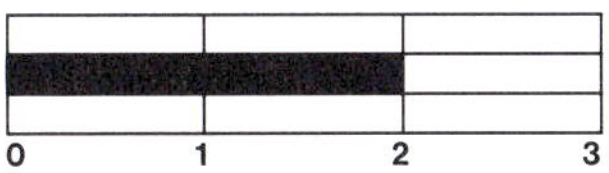

Arbeitszeit

Je nach Geschicklichkeit benötigen Sie ungefähr 3 Stunden.

Ersparnis

Sie können 300 – 400 DM einsparen.

1

2

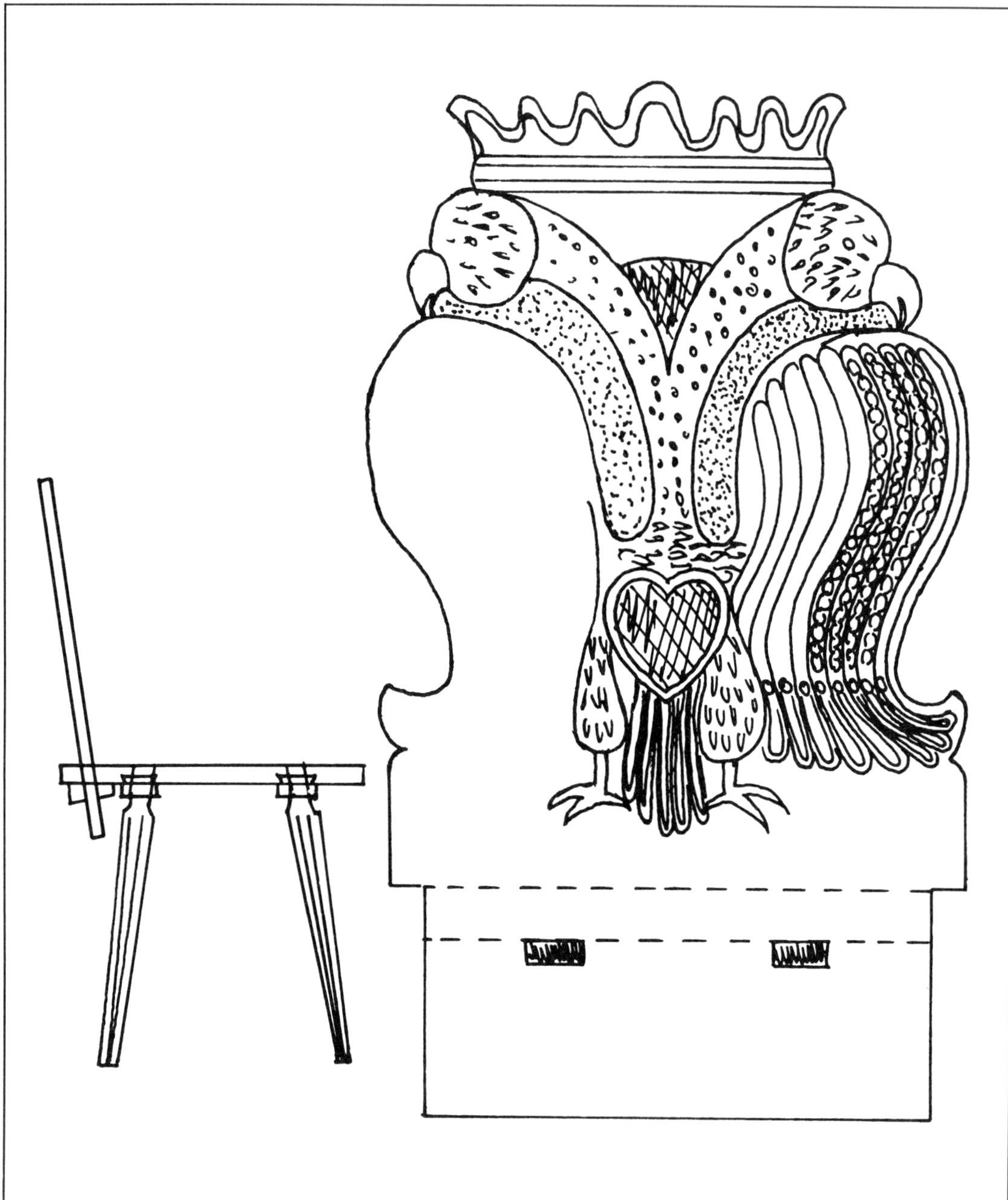

Vorschlag für die Verzierung der Stuhllehne

Arbeitsanleitung

1. Zunächst müssen Sie die Hölzer verleimen. In der Materialliste sind die einzelnen Bretter, die benötigt werden, aufgeführt. Als Grundmaterial besorgen Sie 30 mm starke Bretter, die auf 25 und 20 mm heruntergehobelt werden. Wenn Sie die Möglichkeit haben, das Holz selbst zuzurichten, kommt Sie das sicher billiger als beim Schreiner. Wenn Sie selbst verleimen, beachten Sie immer die Regeln, daß die Bretter Splint an Splint und Kern an Kern zusammengesetzt werden. Für die vier Stuhlbeine müssen Sie zwei der 30-mm-Bretter zusammenleimen. Bei Eichenholz ist der Splint nicht verarbeitet, deshalb lassen Sie den hellen Streifen am Brettrand wegfallen.

2. Bevor Sie den Teil der Schreinerarbeit angehen, bereiten Sie die Stuhllehne zum Schnitzen vor und machen diese auch fertig. Sägen Sie mit der Stichsäge entlang der Umrißlinien und arbeiten Sie die Durchbrüche heraus.

3. Die Sägespuren an der Kante werden erst mit der Raspel, dann mit verschiedenen Schleifpapieren bearbeitet: es muß eine glatte Außenfläche entstehen.
Dies ist am oberen Teil mit den vielen schmalen Einschnitten besonders schwierig. Verwenden Sie dort zum Schleifen in Größe und Form zugerichtete Holzstäbchen oder Latten, die Sie entweder gleich mit Schleifpapier bekleben oder damit fest umwickeln. Die Kanten werden vorerst noch nicht gebrochen.

4. Von der Zeichnung aus vergrößern Sie das Motiv der Schnitzerei und übertragen es auf das Holz. Die Ausführung der Schnitzarbeit ist sehr einfach, da zum größten Teil alles auf der Technik der Kerbschnitzerei beruht.
Die tieferliegenden Stellen arbeiten Sie mit höchstens 4 mm Unterschied zur Oberfläche heraus. Aus zwei Gründen ist eine tiefere Ausarbeitung nicht ratsam. Erstens würde beim Anlehnen eine sehr plastische Gestaltung die Bequemlichkeit stören, zweitens würde die Haltbarkeit sehr beeinträchtigt. Feine abstehende Teile splittern bei täglicher Benützung leicht ab. Die Einteilung der verschiedenen Zierschnitte können Sie der

3

4

5

6

7

8

9

10

11

Zeichnung entnehmen. An den Flügeln der stilisierten Adler wird einfach ein Hohleisen ins Holz eingestochen, so daß die Schneide eine feine Zeichnung hinterläßt.

5. Am Hals schneiden Sie mit dem Bohrer kleine Kuhlen, am Kopf werden mit dem feinen Bohrer kurze Linien gezogen.

6. Die tiefer gelegten Stellen bearbeiten Sie mit dem Punzen. Die Punzen gibt es in verschiedenen Formen zu kaufen. Häufig finden Punkte, Kreuze und Blumenmuster Verwendung, die an einem gegossenen Vierkantstahl als scharfkantige Erhöhung vorstehen. Diese Technik verwenden Sie, wenn bei Reliefschnitzereien Flächen strukturiert werden sollen. Gleichzeitig wirkt die Punzierung dunkel und dadurch plastischer.
Der Punzen wird gleichmäßig mit einem leichten Schlag mit dem Klüpfel möglichst gleichmäßig nahe nebeneinander in das Holz eingeklopft. Mit der Zeit haben Sie einen immer gleichbleibenden Schlag im Gefühl, so daß alle Punkte oder jedes Muster gleich stark eingedrückt werden.

7. Haben Sie keinen Punzierstift zur Hand, können Sie sich auch behelfen, indem Sie einen Nagel mit dem Korundstein oder einer Feile an der Spitze zuschleifen, bis Sie eine Raute oder ein Dreieck zurechtgefeilt haben. Die scharfen Kanten brechen Sie mit einem Schleifpapier. Mit diesem Punzen dauert die Arbeit zwar etwas länger, sie wird aber genauso schön.

8. Nach der Fertigstellung der geschnitzten Lehne geht es an die Tischlerarbeit. Die in der Grundgröße zugerichtete Sitzfläche schneiden Sie nach hinten um 4 cm schmäler, die Ecken werden gebrochen. Wenn Sie eine Kreissäge haben, können Sie diese Arbeit mit schräg gestelltem Anschlag durchführen. Mit der Bandsäge oder der Stichsäge geht dies genauso, nur müssen Sie dann die Kanten hobeln. An den Längsflächen geht dies mit dem Handhobel sehr gut.

9. Führen Sie den Stuhl, wie in der Arbeitsanleitung beschrieben, in Eiche aus, ist es nicht notwendig, eine gegratete Leiste an der Sitzfläche anzubringen. Eine aufgeleimte 15-mm-Leiste tut genauso ihre Dienste. Sie dient zur Verstärkung der Sitzfläche, deshalb wird die

12

13

14

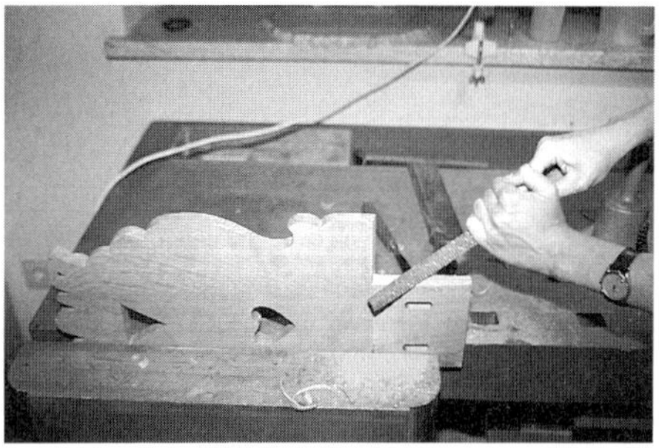

15

16

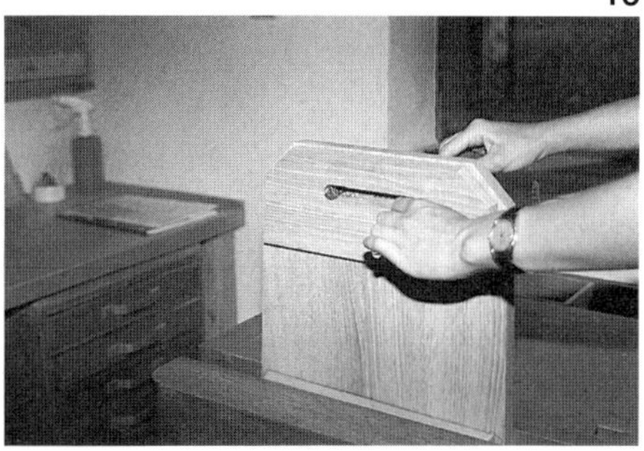

17

18

Maserung quer zu der Sitzfläche verarbeitet. Sie leimen sie genau an der Stelle auf, wo die Füße eingebohrt werden. So kann das Holz der Sitzfläche nicht reißen, auch wenn die Belastung durch die schrägstehenden Füße sehr groß ist.
Verwenden Sie Weichholz, also Fichte, Tanne oder Kiefer, sollten Sie die Leiste mit einem Grat zur Sitzfläche hin verbinden.
Die Verstärkungsleisten sägen Sie in derselben Form zu wie die Sitzfläche und rücken sie an allen Seiten um 1 cm ein. Die Kanten sollten gebrochen werden, dies ist im täglichen Gebrauch angenehmer. Mit einem Abstand von 5 cm vom vorderen Rand wird die 6 cm breite Leiste angeleimt. Die hintere Leiste ist 4 cm breiter, so daß der herauszuarbeitende Schlitz für die Lehne ebenfalls verstärkt wird.

10. Wenn Sie verleimen, achten Sie darauf, daß Sie genügend Zwingen ansetzen, so daß die ganze Fläche gut gepreßt wird. Den überquellenden Leim wischen Sie sofort ab.

11. Als nächstes wird der schräge Schlitz für die Befestigung der Stuhllehne gearbeitet. Die Schlitzkante muß auf jeden Fall 2,5 cm Abstand vom Holzende haben, sonst hält das Material der Druckbelastung nicht stand. Um zu verhindern, daß die Lehne durch den Schlitz durchrutscht, wird der Schlitz nicht in der ganzen Breite von 29 cm, sondern nur in den mittleren 13 cm herausgenommen.

12. Es gibt zwei Möglichkeiten, diesen Schlitz herauszuarbeiten. Die erste und genaueste Technik ist das Ausfräsen mit der Oberfräse unter Zuhilfenahme einer Frässchablone. Dazu werden zwei Latten hergerichtet, die Sie im gewünschten Winkel abschrägen und mit einem Brett verbinden. In die Verbindungsplatte wird zuerst der 13 cm lange und 20 mm breite Schlitz gefräst. Beim Fräsen wird dann der Anlaufring eingesetzt, der in dem zugerichteten Schlitz läuft.

13. Diese Hilfseinrichtung befestigen Sie mit einer Zwinge an der Fläche. In die Oberfräse spannen Sie den 20-mm-Fräser ein, und mit dem Anlaufring wird durch die Schablone der Schlitz gefräst.

Die zweite Möglichkeit, mit der Sie den Schlitz herausarbeiten können, ist, daß Sie mit der Oberfräse einen geraden Schlitz von 1,7 cm Breite fräsen. Nachdem Sie den geraden Schlitz gearbeitet haben, zeichnen Sie 1,5 mm an der Oberseite in Richtung der Sitzflächenrückseite an, an der Unterseite ebenfalls 1,5 mm in der entgegengesetzten Richtung. Mit dem Stemmeisen arbeiten Sie die beiden schrägen Schenkel heraus, versäubern können Sie die Flächen mit der Raspel.

14. Nun muß die Lehne so zugesägt werden, daß sie in der richtigen Breite, 13 cm, in den Schlitz paßt. Beim Einsägen denken Sie daran, daß nicht im 90-Grad-Winkel abgesägt wird, sondern in derselben Neigung, mit der die Lehne später auf der Sitzfläche steht. Seitlich nehmen Sie jeweils 8 cm weg, von unten her auf der vorderen Seite 11 cm und auf der Rückseite 11,3 cm.

15.–16. Die Auflageflächen werden mit dem Schnitzeisen nochmals versäubert, die Kanten des Befestigungsteils rund gemacht, damit sie in den mit der Oberfräse vorbereiteten, rund auslaufenden Schlitz passen.

17.–18. Theoretisch müßte die Lehne jetzt gegen geringen Widerstand durch den Schlitz zu schieben sein. Meist gelingt dies nicht auf Anhieb, da während der Arbeit das Holz sich schon wieder geworfen haben könnte. Schon minimale Veränderungen tragen dazu bei, daß die Verbindung nicht mehr paßt. Mit dem Hobel, der Raspel und Schleifpapier arbeiten Sie die betreffenden Stellen nach. Schlagen Sie das Holz nicht mit Gewalt ein.

19. Um das Holz befestigen zu können, werden zwei Durchbrüche geschaffen, durch die Sie zwei Keile mit dem Klüpfel einschlagen. Geleimt wird diese Verbindung nicht. Zur weiteren Arbeit an dem Stuhl nehmen Sie die Lehne nochmals heraus, da sie beim Anbringen der Stuhlbeine nur stören würde.

20.–22. Für die Stuhlbeine benötigen Sie die auf 4×4×50 cm zugerichteten Hölzer. Diese müssen in eine achteckige, nach unten schmäler werdende Form gebracht werden. Vier Seiten sind gut mit der Stichsäge oder der Kreissäge abzuschrägen. Um die achteckige Form zu bekommen, müssen Sie die übrigen Ecken mit

19

20

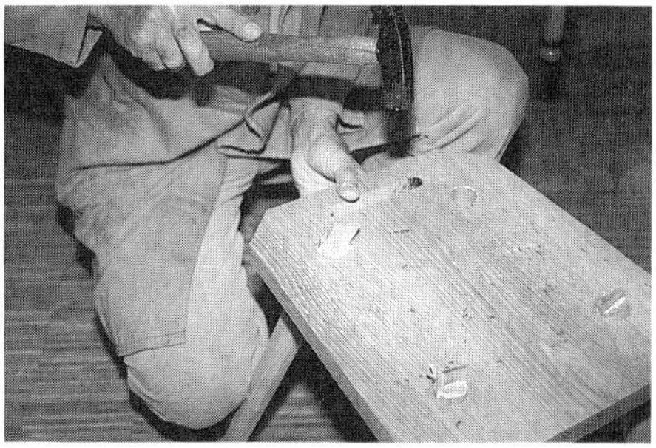

21

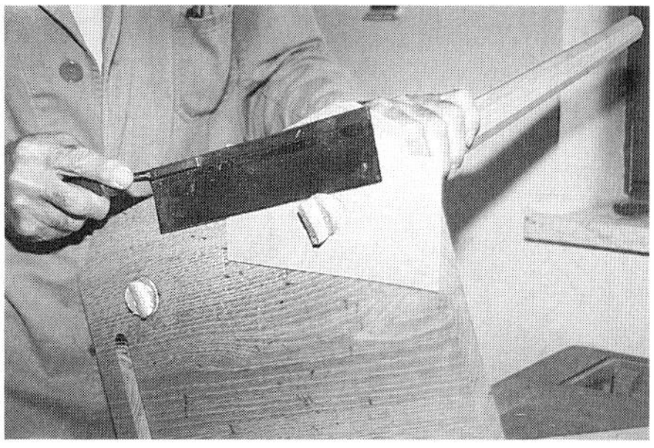

22

Der Eichenstuhl mit geschnitzter Lehne paßt gut zur rustikalen Einrichtung

dem Handhobel bearbeiten. Sägen Sie keinesfalls mit der Stichsäge. Auch mit der Kreissäge ist diese Arbeit sehr gefährlich, da Sie das Holz nicht mehr gut auflegen und auch nicht mit dem Anschlag arbeiten können. Den achteckigen Rohling können Sie in dieser Form belassen oder noch beschnitzen. Gerne werden zur Verzierung auf vier Seiten Kannelüren mit einem Rundeisen eingeschnitzt.

Um die Beine einkeilen zu können, müssen die oberen 10 cm an der Hobelbank rundgedreht werden. Ein Durchmesser von 30 mm wird dabei meist verwendet. Wenn Sie bereits einen Bohrer haben, der in der Stärke um ein paar Millimeter differiert, richten Sie sich danach. Gehen Sie an der Drechselbank vorsichtig vor, messen Sie immer wieder mit der Schublehre nach. Die Stärke muß genau stimmen.

Durch den Mittelpunkt wird mit der Feinsäge ein Schlitz von 5 mm Breite eingesägt. Die Löcher für die Füße bohren Sie, wie im Grundkurs beschrieben, mit der Schablone.

Die rundgedrehten Enden werden zuerst eingepaßt, wenn nötig mit Schleifpapier nochmals nachgearbeitet. Wenn die gedrechselte Rundung zu schwach ist, können Sie mit etwas mehr Leim einstreichen und warten ein paar Minuten, bis das Holz etwas aufgequollen ist.

Die Keile schlagen Sie ein, nach kurzer Trocknungszeit werden die überstehenden Enden abgesägt. Um das Holz nicht zu beschädigen, legen Sie einen Karton oder ein dünnes Furnier über das Ende, an dem entlang Sie die Feinsäge führen.

23. Die Länge der Beine muß jetzt noch bestimmt werden. Die Sitzhöhe, zu einem Eßtisch passend, liegt zwischen 42 und 46 cm. Als Ihr eigener Schreiner können Sie ausprobieren, welche Höhe für Sie die beste ist. Zum Absägen der Stuhlbeine benützen Sie am besten einen Beilegeklotz als Führung. Angenehm sitzen Sie, wenn die hinteren Füße um 1 cm kürzer sind.

24. Die Schreinerarbeit haben Sie jetzt hinter sich gebracht, nun sind die abschließenden Arbeiten wie Schleifen, Kanten brechen und Oberflächenbehandlung noch zu erledigen.

23

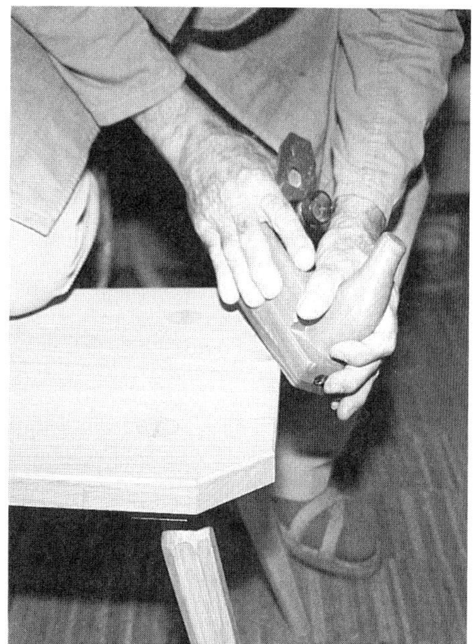

24

Stückliste

Schrankkorpus
2 × 170 × 36 × 2
2 × 94 × 36 × 2

Für Fächerboden
3 × 90 × 36 × 2
2 × 90 × 20 × 2
2 × 12 × 20 × 2
2 × 44 × 33 × 2
1 × 71 × 36 × 2

Rückwand
3 × 170 × 10 × 2

Türen
4 × 54,9 × 8 × 2
4 × 44 × 8 × 2
2 × 44 × 15 × 2

Leisten
1 × 104 × 6 × 2
2 × 98 × 6 × 2
6 × 38 × 6 × 2
1 × 90 × 4 × 2
2 × 30 × 3 × 2
1 × 90 × 3 × 2

Fichtenfurniertes Sperrholz
2 × 170 × 32 × 0,5
2 × 40 × 30 × 0,5

Für gedrechselte Füße
4 × 12 × 12 × 7

Ein Sekretär aus Fichtenholz

Material
Siehe Stückliste; 4 Scharniere, 2 furnierte Füllungen für die Türen, 2 Schlösser mit Schrauben, 2 gedrechselte Griffe, 4 gedrechselte Füße, Holzdübel, Holzleim, Nägelstifte.

Werkzeug

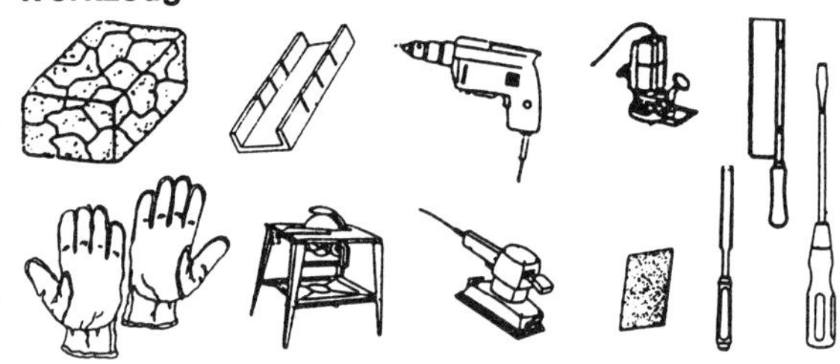

Schwierigkeitsgrad

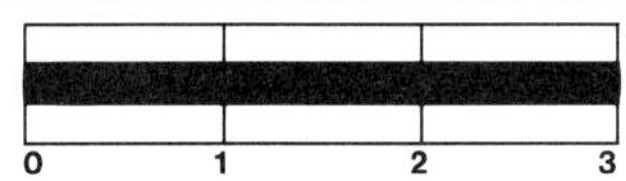

Kraftaufwand

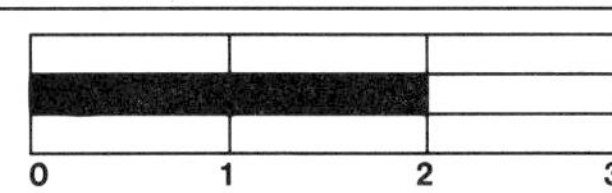

Arbeitszeit
Als Arbeitszeit müssen Sie 20 Stunden rechnen.

Ersparnis
Durch das Selberbauen ersparen Sie sich 1300 DM.

1

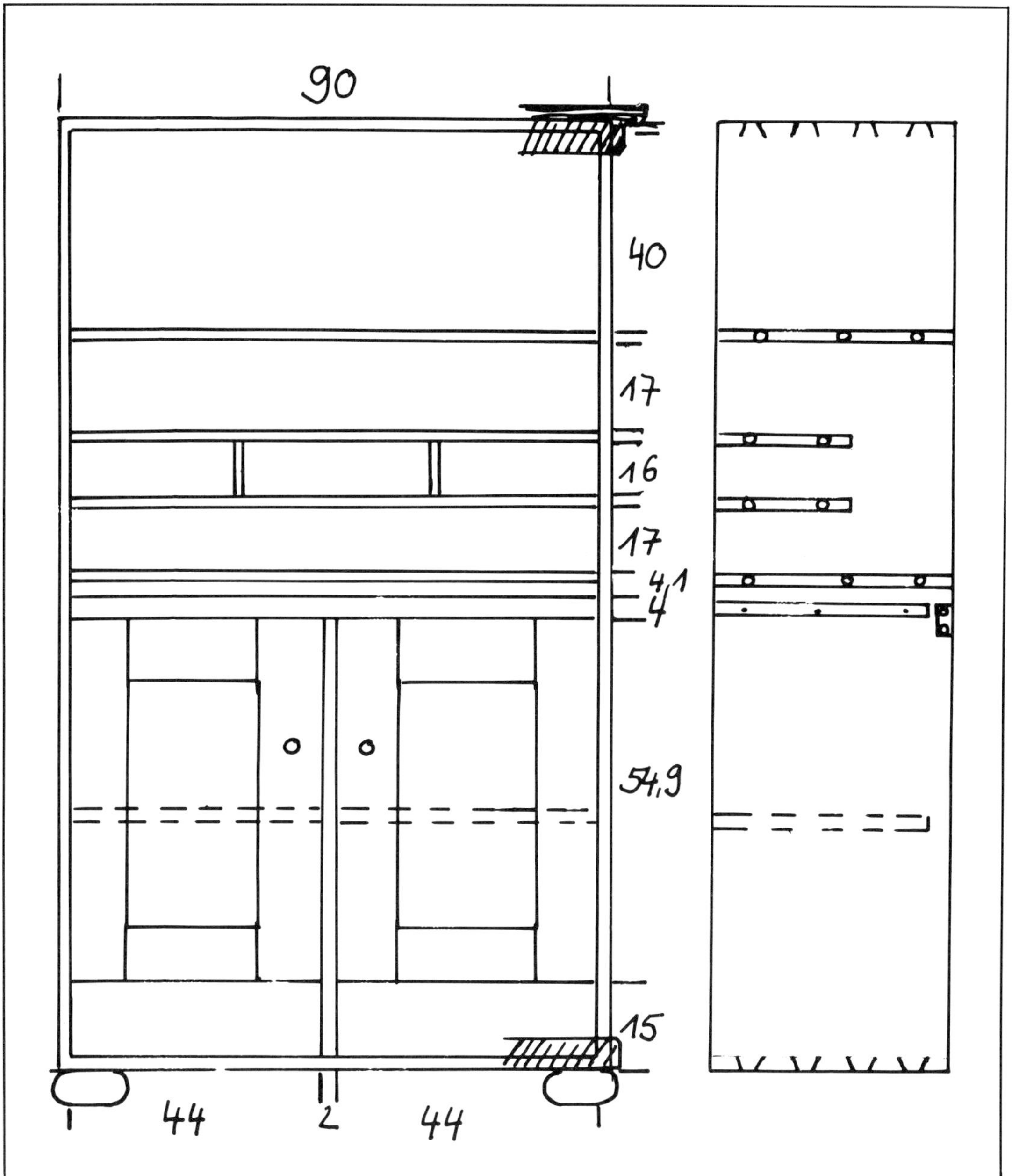

2

3

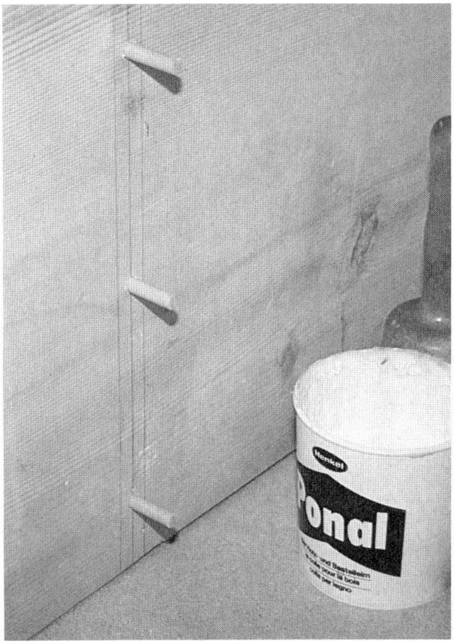

4

Arbeitsanleitung

1. Das Ausgangsmaterial ist 2,5 cm starkes Fichtenholz. Für alle benötigten Teile wird es auf 2 cm heruntergehobelt. Seiten-, Boden- und Fächerböden müssen in der Breite verleimt werden.

2. Aus welchen Bauteilen der Sekretär besteht, entnehmen Sie der Werkzeichnung. Diese zeigt das Möbel in der Vorder- und der Seitenansicht.

3. Zuerst verbinden Sie die Rahmenbretter, die beiden Seitenteile, Boden und Deckbrett mit Zinken. Die Einteilung der Zinken muß nicht allzu eng sein. Da in diesem Fall die Verbindung nur wegen der Stabilität und nicht als Schmuck verwendet wird, genügt die lockere Aufteilung von 4 Zinken und 5 Schwalben auf die gesamte Breite.

4. Nachdem alle vier Seiten ausgearbeitet sind, bereiten Sie die Dübellehre für die Bohrungen der Dübellöcher vor. Ein Zwischenboden wird in 40 cm Abstand zum Abschlußbrett eingesetzt, auf Schreibtischhöhe der zweite. Für beide Bretter werden drei Dübel auf jeder Seite benötigt. Zwei schmale Ablagebretter befestigen Sie über der Schreibplatte mit je zwei Dübeln.

5. Die Führungsleiste für die herausziehbare Schreibplatte muß mit dem Abstand von genau 2,1 cm vom zweiten Zwischenboden nach unten gemessen angebracht werden. Das Spiel, das die Schreibfläche zwischen den beiden Brettern hat, muß so gering wie möglich sein. Sonst hat sie bei herausgezogener Stellung zuwenig Halt und kippt nach unten.

Als Anschlag für die zwei vorgesehenen Türen im Bereich unterhalb der Schreibplatte ist ein Mittelbrett eingefügt. Dieses befestigen Sie mit drei Dübeln in der Bodenplatte und einem in der Führungsleiste. Richtig stabilisiert wird es später durch die Fächerböden. Durch den Einsatz des Mittelbretts entstehen zwei unabhängig voneinander versperrbare Fächer.

6.–7. Sind die Dübel eingeleimt und hat der Leim angezogen, wird der Korpus des Sekretärs zusammengebaut. Die geleimten Flächen fixieren Sie mit Zwingen, wobei immer kontrolliert werden muß, ob die Ecken im rechten Winkel sind.

Wenn Ihre Zwingen nicht lang genug sind, können Sie sich behelfen, indem Sie zwei kurze zusammenhängen und dann anziehen.
Den Rahmen des Möbelstücks mit den verschiedenen Unterteilungen haben Sie jetzt bereits vor sich. Nun werden nach und nach die verschiedenen beweglichen Teile gearbeitet und eingebaut: die Schreibplatte und die Tür.

8. Zunächst führen Sie die schon begonnene Arbeit an der ausziehbaren Schreibplatte weiter. Die beiden kurzen Leisten werden seitlich, ebenfalls im Abstand von 2,1 cm, zum zweiten Zwischenboden an die Seitenflächen geleimt und zur Fixierung noch mit drei kurzen Nägeln angestiftet. Die Schreibplatte kann jetzt eingeschoben werden.

9. Um einen Anschlag zu schaffen, der verhindert, daß Sie die Platte zu weit herausziehen, wird von innen eine Leiste an die Platte geschraubt. Verwenden Sie dabei keinen Leim, damit bei eventuellen Reparaturarbeiten die Platte wieder ausgebaut werden kann.

10. Die beiden gedrechselten Knöpfe, die als Griffe angebracht werden, können Sie ganz nach Ihrem Willen gestalten.

11.–12. Die Rückwand wird aus drei Brettern, zwei Seitenteilen, einem Mittelteil und zwei furnierten Sperrholzplatten gefertigt. In die seitlichen Bretter, die auf die Seitenwand stumpf aufgeleimt werden, fräsen Sie einen Falz ein, damit das Sperrholz eingefügt werden kann. In das mittlere Teil fräsen Sie rechts und links ebenfalls einen Falz ein.
Die beiden äußeren Teile werden nun 2 cm breit mit Leim eingestrichen und an die Seitenwand gepreßt. Zur besseren Fixierung können Sie noch Nagelstifte einschlagen. Die Sperrholzplatten befestigen Sie mit Nägeln an der Abdeckplatte und am Boden. Zusätzlich gibt ihnen der Falz, in dem sie fest stecken, Halt. Das mittlere Brett wird eingefügt und ebenfalls angenagelt.

13. Für die Türen müssen Sie nun die Rahmenteile verbinden. Dazu ist die Schlitz-Zapfen-Verbindung am besten geeignet. Sie ist etwas schwieriger zu fertigen als die stumpfe Verleimung auf Gehrung, aber stabiler.

5

6

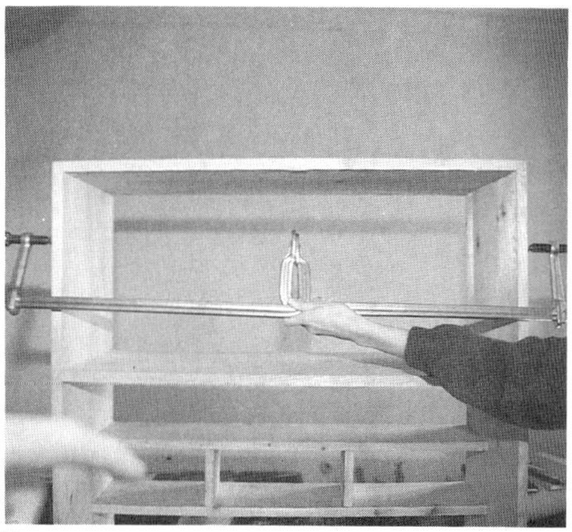

7

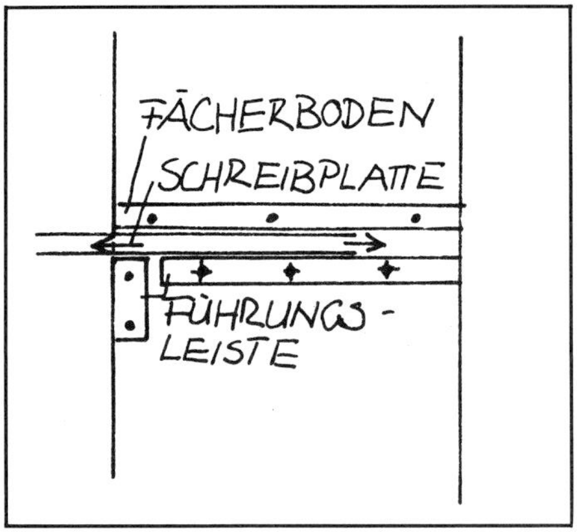

8

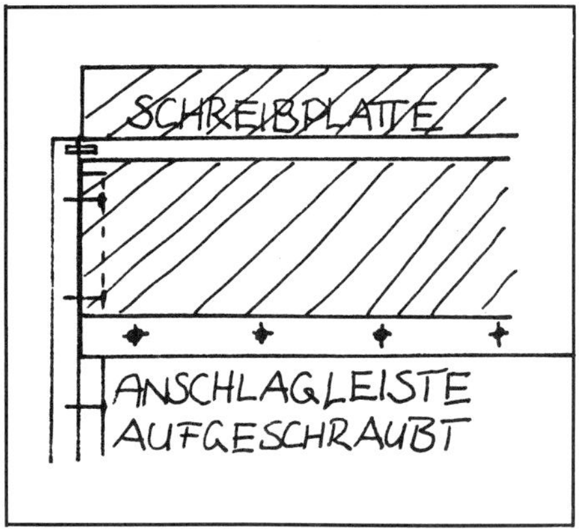

9

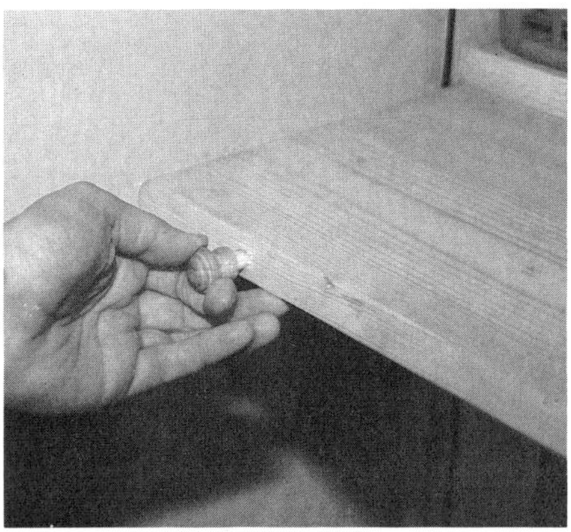

10

An das senkrechte Teil wird der Schlitz und an das waagrechte der Zapfen angezeichnet. Mit der Feinsäge schneiden Sie ein und stemmen das überflüssige Holz heraus. Beim Zusammenleimen pressen Sie die Ecken mit Zwingen zusammen und richten sie im 90-Grad-Winkel aus.

14. Nach dem Trocknen fräsen Sie mit der Oberfräse den Falz für die Füllung ein. Verwenden Sie einen geraden Fräskopf und stellen Sie die Tiefe auf 1 cm ein.

15. Das bereits zugeschnittene fichtenfurnierte Sperrholz legen Sie in den Falz ein. Mit einer feinen Leiste, die in der richtigen Länge auf Gehrung geschnitten ist, befestigen Sie diese gut: je knapper die Füllung der Tür im Rahmen sitzt, desto stabiler wird sie.

Um die Türen einsetzen zu können, muß am unteren Teil der Öffnung eine Anschlagleiste angebracht werden. Diese kann stumpf zwischen Seitenteil und Mittelbrett eingeleimt werden, da sie keine tragende Funktion übernimmt.

16. Aus der Konstruktion ergibt sich, daß die Türen nach innen anschlagen. Deshalb muß als Scharnier ein gerades Zylinderband verwendet werden. Rücken Sie von oben und von unten ein Viertel der Türhöhe ein: so wird die Höhe, an der die Scharniere befestigt werden, bestimmt.

17. Da die Tür gut schließen soll, muß für das Scharnier in der Seitenwand und am Rahmen Platz geschaffen werden, und zwar genausoviel, wie die Materialstärke des Metalls beträgt, in das die Schrauben kommen.

18. Dazu wird die Größe des Scharniers aufgezeichnet und mit dem Stemmeisen das Material vorsichtig ausgestemmt. Nehmen Sie nicht zuviel weg, sonst sitzt die Tür schließlich zu locker und wackelt, nachdem Sie sie einige Male auf- und zugemacht haben.

19. Mit den passenden Schrauben wird das Scharnier zuerst an die Tür und dann an den Rahmen geschraubt. Kontrollieren Sie die Länge der Schrauben, damit keine das Holz durchstößt und die Spitze an der Außenseite sichtbar ist.

20.–21. Um die Tür auch verriegeln zu können, bringen Sie an dem Mittelbrett das Schließblech und an der Tür

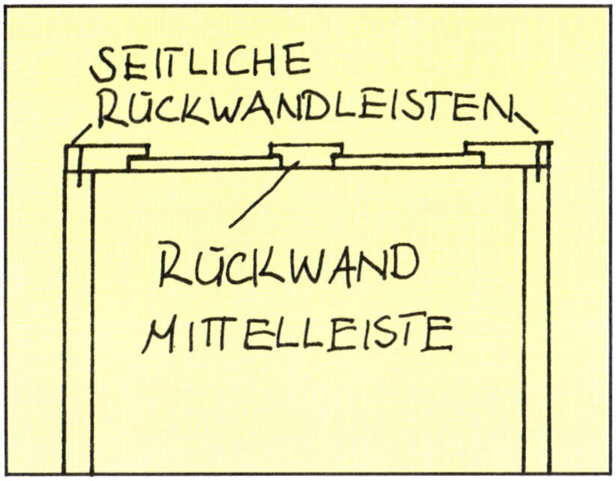

11

12

13

14

15

16

17

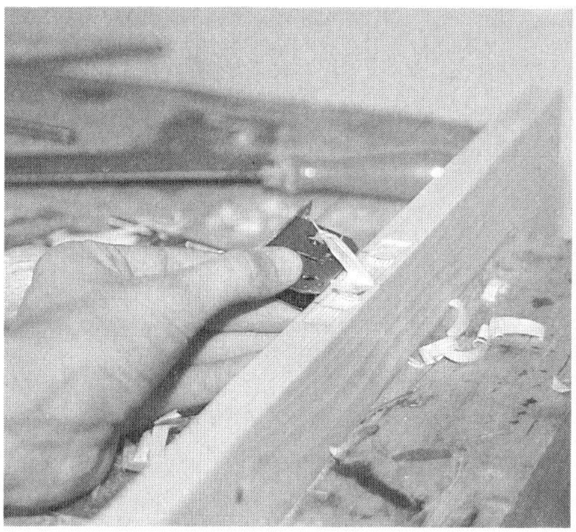

18

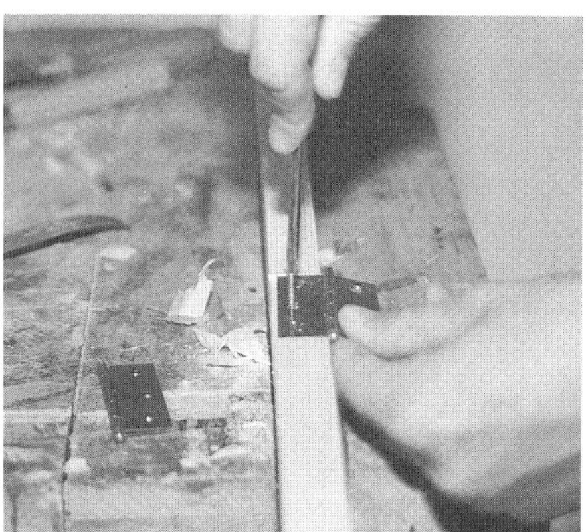

19

das Schloß an. Sie können ein Aufschraubschloß verwenden, schöner ist jedoch ein Einlaßschloß. Dafür wird im Türrahmen so viel Platz geschaffen, daß das Schloß sich gut einschieben läßt. Zeichnen Sie den Umriß des Schlosses an und stemmen Sie auch hier so viel aus, wie es die Materialstärke verlangt. In diese Vertiefung wird das Schloß eingeschraubt, so daß es mit der Rahmenleiste bündig ist.

Ebenso gehen Sie am Mittelbrett vor. Damit der Riegel sperren kann, muß er in das Schließblech greifen können. Diese Vertiefung können Sie nicht nur mit dem Stemmeisen schaffen, Sie haben auch die Möglichkeit, mit der Bohrmaschine mehrmals nebeneinander an dieser Stelle das Holz auszubohren.

Vergessen Sie nicht das Schlüsselloch. Messen Sie die Stelle ungefähr aus und bohren Sie mit einem 6-mm-Bohrer durch. Wenn Sie nicht auf Anhieb die richtige Stelle treffen, ist das nicht tragisch: das Schlüsselblech verdeckt das Loch, wenn es zu groß geworden ist.

22.–23. Der Korpus des Möbelstücks ist jetzt bereits fertig. Nun bereiten Sie noch die Zierleisten für eine vorteilhafte Oberflächengestaltung vor.

Um die Türen in ihrem Bild noch gefälliger zu machen, wird ein Zierrahmen eingefügt. Eine in der Falzgröße passende Fichtenprofilleiste schneiden Sie mit der Gehrungslade in der richtigen Länge zu. Die vier Leisten werden in den Falz eingeleimt.

Den oberen Abschluß des Sekretärs bilden zwei zusammengefügte Leisten (2×4,5 cm). An jeweils einer Seite wird eine Fase angeschnitten. Dazu stellen Sie das Blatt Ihrer Kreissäge schräg und schieben die Latte mit der breiten Seite nach unten durch. Diese beiden Leisten verbinden Sie miteinander und heften sie mit dünnen Nagelstiften, denen der Kopf abgezwickt wurde, an. Je nach Geschmack können Sie die Leisten mit der Abdeckplatte bündig abschließen lassen oder etwas höher setzen.

Die Ecken der Zierleisten schneiden Sie nicht auf Gehrung, sondern lassen sie stumpf aufeinanderstoßen. An den Stirnholzseiten wird das Profil mit einem Stechbeitel von Hand nachgearbeitet.

Dieselbe Leiste bringen Sie als unteren Abschluß bündig mit dem Bodenbrett oder überstehend an.

24.–25. Als Füße können Sie, wie in diesem Beispiel, gedrechselte Kugeln verwenden. Sie können den Sekretär natürlich auch ohne Abstand vom Boden aufstellen. Berücksichtigen Sie das aber in der Planung, da sonst die Schreibtischhöhe von 85 cm nicht mehr stimmt.

Die Kugelfüße können Sie nach eigenem Entwurf drechseln. Das Holz, das Sie dafür benötigen, muß 7 cm hoch sein und einen Durchmesser von 12 cm haben. Bei dem abgebildeten Sekretär (S. 92) stehen sie etwas über die Ecken hinaus.

Befestigt werden die Kugelfüße mit einem Dübel. Da diese Verbindungsstelle manchmal stark belastet wird, zum Beispiel beim Rutschen des Schranks, sollte der Dübel 15 mm stark sein. Das Dübelloch setzen Sie etwa 4 cm von beiden Kanten entfernt.

26. Nachdem Sie die Kugelfüße und die Türknöpfe angebracht haben, sind die Schreinerarbeiten am Sekretär abgeschlossen.

Die Griffe an den Türen können Sie, wenn Sie wollen, weglassen, da die Türen auch an den Schlüsseln geöffnet werden können. Wenn Sie sich, wie im Anleitungsbeispiel, für Türknöpfe entscheiden, sind die gedrechselten, wie Sie sie schon an der Schreibplatte angebracht haben, am schönsten. Drehen Sie an den Knopf schon bei der Vorbereitung einen Dübel an, dieser erleichtert dann die Befestigung. Besonders extravagant sind Knöpfe aus andersfarbigem Holz.

27. Die Oberflächen müssen jetzt noch besonders sorgfältig behandelt werden. Der Gesamteindruck wird im wesentlichen bestimmt von der sauberen Endverarbeitung.

Mit dem Schwingschleifer verschleifen Sie zunächst größere Unebenheiten und entfernen Bleistiftstriche. Dazu verwenden Sie ein grobes Papier, zum Beispiel mit der Körnung 80. Mit einem 120er und dann mit dem 200er Papier wird nachgeschliffen, bis die Oberfläche glatt ist und auch keine Spuren vom Schwingschleifer zurückgeblieben sind.

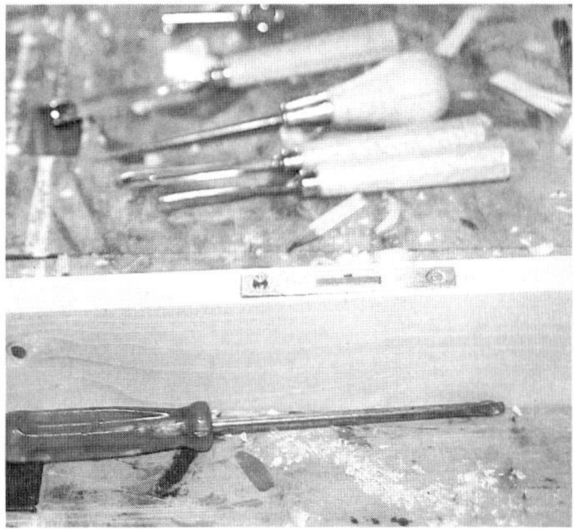

20

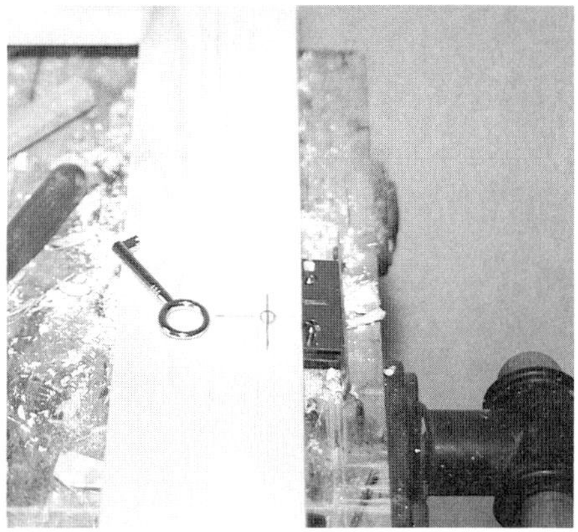

21

22

Der offene Sekretär ist ein Schmuckstück für den Flur

Diese extravagante Eßgruppe verlangt eine eher spartanische Zimmereinrichtung

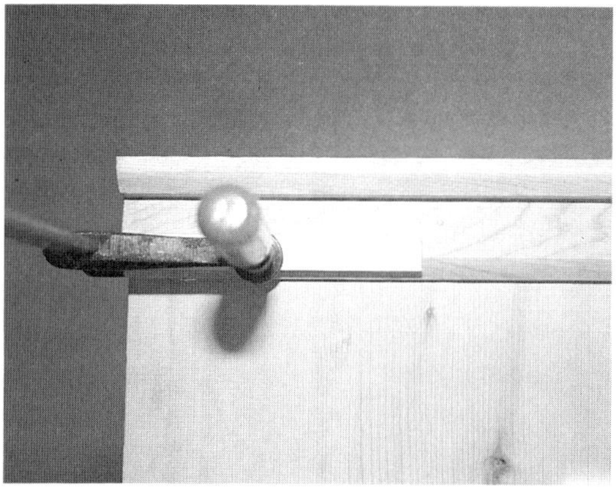
23

24

25

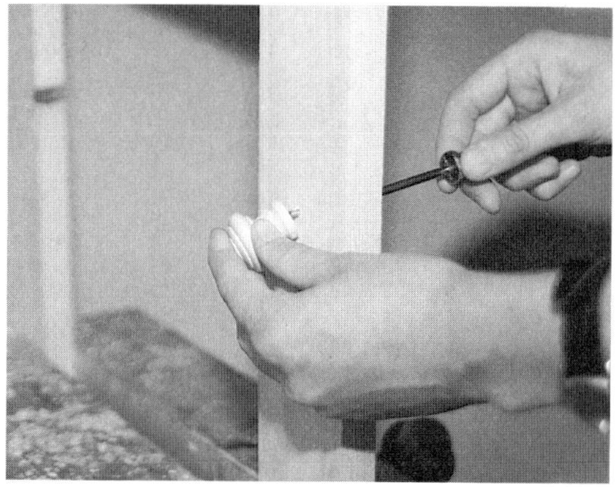
26

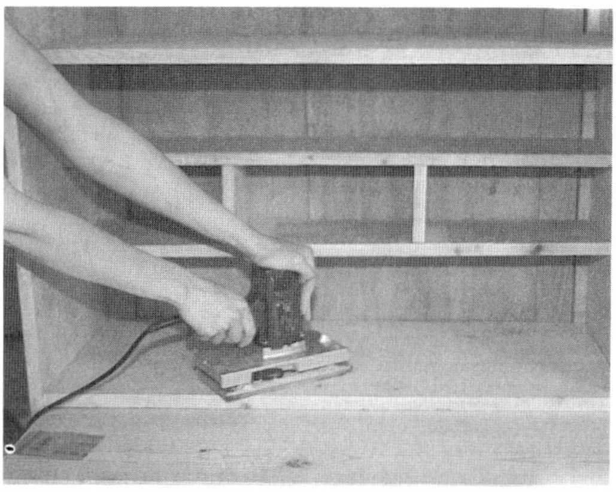
27

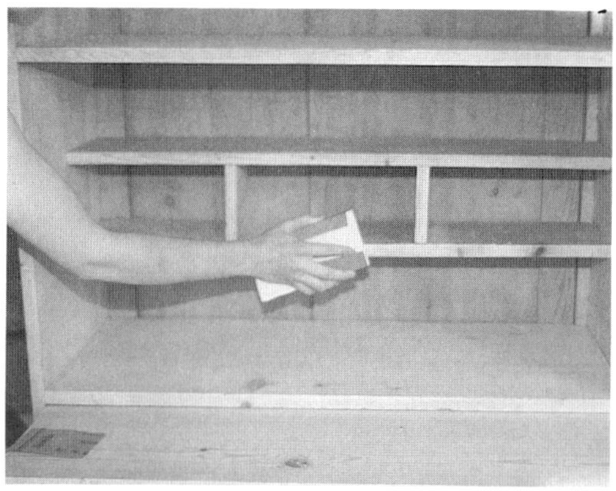
28

Wenn Sie mit einem Bandschleifgerät arbeiten, müssen Sie besonders vorsichtig sein, weil damit sofort Schleifmulden entstehen, wenn Sie die Maschine längere Zeit an einer Stelle halten und sie nicht immer gleichmäßig bewegen.

28. Stellen, die Sie mit der Schleifmaschine nicht erreichen, müssen mit der Hand geschliffen werden. Verwenden Sie dazu immer einen Schleifklotz, da sonst schnell die Kanten zu stark abgerundet sind.

29. Als Schutz vor Verschmutzung muß auf jeden Fall ein Schutzlacküberzug aufgetragen werden. Gerade auf der Schreibfläche können leicht Flecke, zum Beispiel auch durch ausgelaufene Tinte, entstehen, die bei einer Oberflächenbehandlung mit Wachs nicht mehr zu entfernen wären.

Soll die Farbe noch verändert werden, sei es durch Beizen oder Bleichen, erledigen Sie das vorher. Sie können, wie in diesem Fall, das Fichtenholz mit einer verdünnten Natronlauge behandeln. Durch den Auftrag dieser Flüssigkeit bewirken Sie, daß sich der natürliche Alterungsprozeß des Fichtenholzes beschleunigt. Die warme, gelbbräunliche Tönung wurde künstlich herbeigeführt. Natronlauge ist ätzend und muß sehr vorsichtig aufgetragen werden. Es ist unerläßlich, daß Sie dabei Haushaltshandschuhe tragen.

30. Nach der Wirkungszeit von ungefähr einer Stunde wird das Möbelstück gut mit Wasser abgewaschen.

31. Nachdem das Holz wieder gut getrocknet ist, bringen Sie den Lack auf. Dies kann am gleichmäßigsten mit der Spritzpistole geschehen. Wenn Ihnen dieses Hilfsmittel zur Verfügung steht, sollten Sie es unbedingt verwenden: der Lackauftrag wird wesentlich glatter. Für die Verwendung in der Spritzpistole muß der Lack mit etwas Verdünner flüssiger gemacht werden.

Mit dem Pinsel tragen Sie den Lack lieber zweimal dünn auf als gleich zu dick. Die Geduld wird mit hoher Oberflächenqualität belohnt.

Nachdem alles gut getrocknet ist, werden rauhe Stellen nochmals mit dem feinen Schleifpapier der Körnung 200 vorsichtig überschliffen. Schließlich tragen Sie nochmals dünn Lack auf.

29

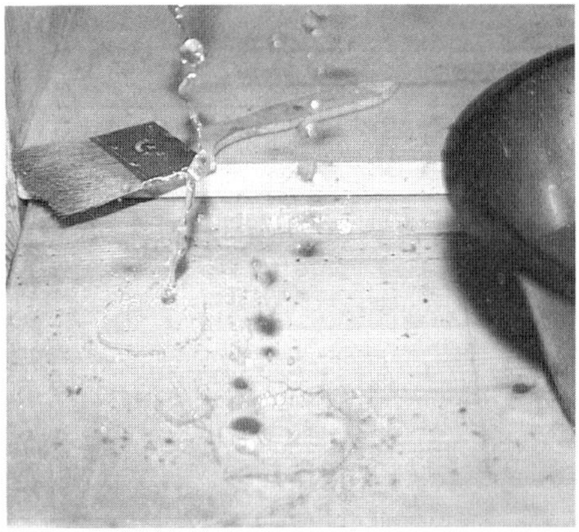

30

31

1

2

Moderner Eßtisch aus exotischem Holz

Material

Cambalaholz:

1 × 160 × 70 × 3 cm

1 × 157 × 3 × 3 cm

2 × 80 × 70 × 3 cm

Holzleim, Holzschrauben.

Werkzeug

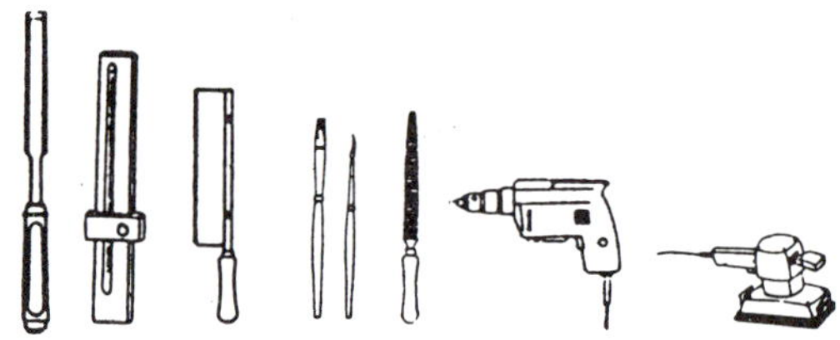

Schwierigkeitsgrad

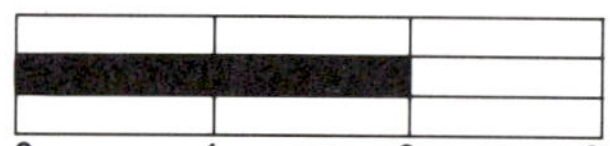

Kraftaufwand

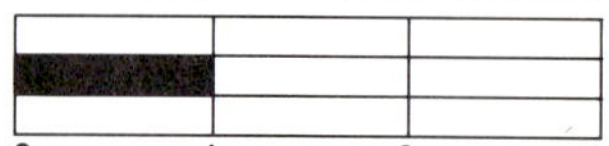

Arbeitszeit

Um diesen Tisch zu bauen, benötigen Sie 12 Stunden.

Ersparnis

Gegenüber einem gekauften Tisch sparen Sie 600 DM.

Schemazeichnung

Der moderne Eßtisch aus Cambalaholz ist nicht besonders schwierig zu bauen, er muß nur eine genau verarbeitete Verzinkung bekommen, da diese als Schmuckelement für die schlichten Seitenteile gedacht ist.
Als Holz wurde Cambala gewählt, eine afrikanische Teakart, die in besonders breiten Brettern im Handel erhältlich ist. Zudem ist der Preis des Cambalaholzes wesentlich niedriger als der eines einheimischen Hartholzes.
Die großen Breiten, in denen das Holz vorkommt, hat den Vorteil, daß die einzelnen Teile nicht sooft verleimt werden müssen. Das ergibt erstens von der Holzstruktur her ein einheitlicheres Bild und macht zweitens weniger Arbeit, beziehungsweise verursacht weniger Kosten. Außerdem werfen sich die afrikanischen Hölzer nicht so leicht, was für diese Konstruktion ebenfalls von Vorteil ist.

Die 3,5 cm starken Bretter lassen Sie am besten beim Schreiner hobeln, da Ihre Hobelmaschine wahrscheinlich die Breite von 40 cm nicht bewältigt. In dieser Breite ist das Holz für Sie sehr günstig.

Arbeitsanleitung

Lassen Sie die Stärke von 3,5 cm auf 3 cm herunterhobeln, verleimen und auch gleich ablängen. Für so breite Bretter benötigen Sie eine stabile Auflage auf einer großen Kreissäge, und es ist nicht ratsam, mit einer kleinen Tischkreissäge zu Werke zu gehen, da Sie fehlerhafte Schnittkanten sehr deutlich sehen.
Haben Sie die Bretter nach Hause transportiert, bestimmen Sie sorgfältig den oberen und unteren Teil der Seitenflächen. Achten Sie dabei auf die Maserung: Es nimmt sich sehr gut aus, wenn sich die Streifen der Tischplatte an gleicher Stelle im Seitenteil fortsetzen.

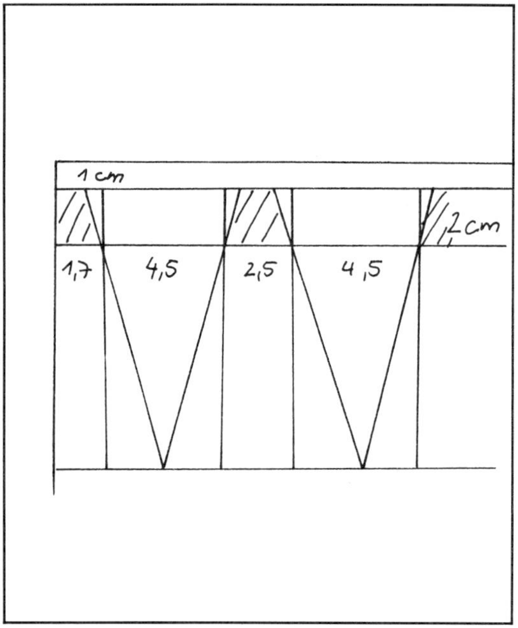

3

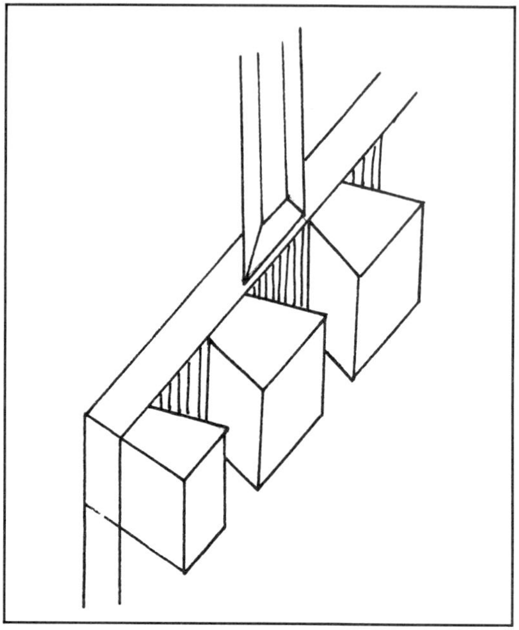

4

1.–3. Zunächst werden an beiden Seiten der Tischplatte die Zinken angezeichnet. Die Breite sollten Sie dabei nach optischen Gesichtspunkten bestimmen.

Arbeiten Sie den Tisch genau nach den vorgegebenen Maßen, dann sind es acht ganze Zinken und jeweils seitlich eine halbe. Sie werden aber nicht in der ganzen Breite eingesägt, sondern nur über zwei Drittel der Stärke des Bretts, das heißt: 1 cm bleibt von der Einarbeitung der Zinken unberührt.

Die Tiefe der Zinken aber bleibt gleich. Wie bei der einfachen Verzinkung ist sie gleich der Holzstärke, sie beträgt 3 cm. Der Fachausdruck für eine Verzinkung in dieser Ausführung heißt »halbverdeckte Verzinkung«.

4. Ziehen Sie mit dem Streichmaß einen festen Strich entlang des ersten Drittels. Mit der Feinsäge schneiden Sie ein, soweit es geht. Dies ist nur entlang der Diagonalen zwischen dem Strich des ersten Drittels und der Zinkentiefe möglich. Der restliche Teil muß mit dem Stemmeisen nachgearbeitet werden.

Seien Sie dabei besonders vorsichtig, da jeder Fehler hernach sichtbar ist. Besonders beim Einstechen des Stemmeisens müssen Sie darauf achten, daß Sie nicht die Zinken oder das Verdeck an der Platte verletzen.

Damit die Verbindung anschließend sehr knapp sitzt und Sie später nicht verleimen müssen, arbeiten Sie genau am angezeichneten Strich. Abschließend stechen Sie auch am Verdeck nochmals die Kante sauber ab.

5.–6. Die Schwalben werden mit dem Spitzbohrer oder einem anderen scharfen Gegenstand angerissen, dann eingesägt und ausgearbeitet wie bei der einfachen Verzinkung, wie sie im Grundkurs beschrieben wurde.

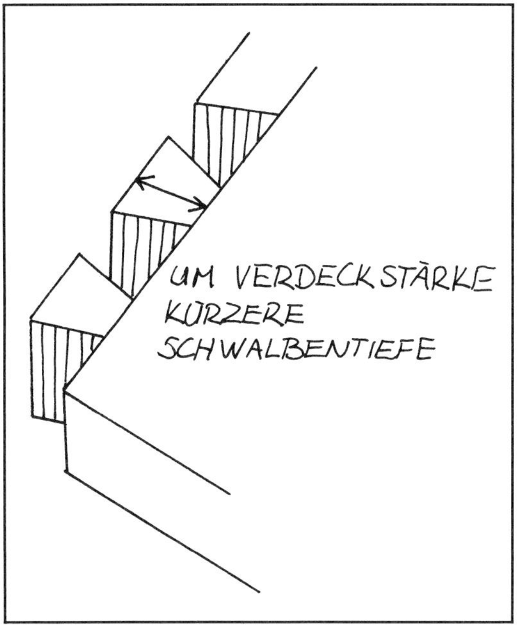

5

6

7. Wenn Sie sich sehr streng an die angerissene Linie gehalten haben, müssen Sie beim Zusammenklopfen der Teile sicher etwas nacharbeiten. Tun Sie das vorsichtig. Kleinigkeiten können auch mit der Raspel statt mit dem Stemmeisen ausgeglichen werden. Sie arbeiten damit sicherer und sauberer.

Wenn es Ihnen gelungen ist, die Verzinkung sehr streng zu arbeiten, ist es nicht nötig zu leimen. Dabei haben Sie auch noch den Vorteil, daß der Tisch jederzeit wieder zerlegt werden kann.

8. Der runde Stab mit dem Durchmesser 3 cm, den Sie in der Höhe von 15 cm, gemessen vom Boden, genau in der Mitte der Seitenteile einsetzen, dient der Stabilisierung. Dieser Stab hat die Aufgabe, sowohl die Zug- wie auch die Druckkräfte aufzufangen. Gleichzeitig ist er eine angenehme Fußstütze.

Den Stab werden Sie wahrscheinlich nicht selbst in Ihrer hauseigenen Drechselbank herstellen können: Auf den meisten Hobbydrehbänken ist es nicht möglich, Längen über 1 m einzuspannen. Sie können entweder einen Drechsler suchen, der Ihnen dies macht, oder eine Vierkantleiste mit dem Handhobel so lange bearbeiten, bis eine Rundstange entstanden ist. Den Rest an Unebenheiten beseitigen Sie mit mittlerem und feinem Schleifpapier.

Um den Stab einsetzen zu können, bohren Sie ein Sackloch von etwa 1,5 cm Tiefe und genau 3 cm Durchmesser. Achten Sie darauf, daß der Rundstab möglichst fest sitzt, nicht zuviel Spiel hat. Überprüfen Sie die Paßform lieber mehrmals.

9. Um die Zerlegbarkeit des Tisches zu erhalten, wird der Rundstab nicht eingeleimt, sondern von außen mit einer Schraube befestigt.

7

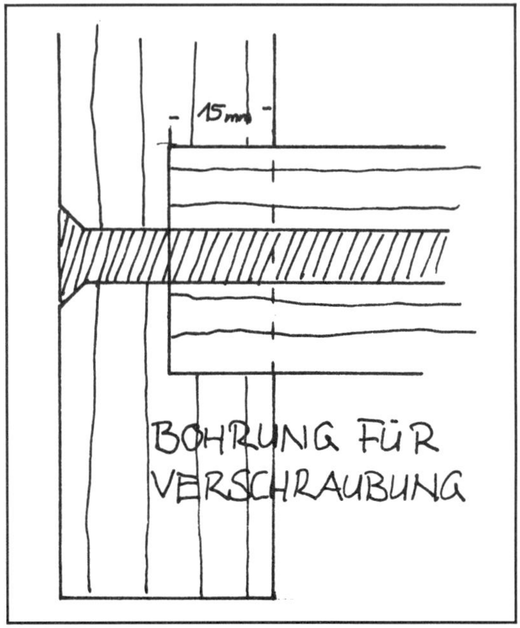

8

Sehr gut geeignet sind 7,5 cm lange Inbusschrauben mit Holzgewinde. Die Stärke des Gewindes sollte 6 mm betragen.

Zeichnen Sie genau den Mittelpunkt an der Außenseite an und bohren Sie mit einem 6-mm-Bohrer durch. Um mit der Bohrerspitze nicht abzurutschen und die Holzoberfläche zu verkratzen, schlagen Sie mit dem Körner eine Vertiefung vor. Mit dem Gratschneider wird das Loch etwas ausgefräst, um den Kopf der Schraube genügend versenken zu können.

Der Rundstab kann durch das Eindrehen der Schraube leicht gesprengt werden und wird deshalb etwas vorgebohrt. Die 6 cm, die die Schraube in das Holz eindringen wird, arbeiten Sie mit einem 3-mm-Bohrer vor. Mit einem 5-mm-Bohrer werden die ersten 1,5 cm noch weiter ausgefräst. So stellen Sie sicher, daß der Holzstab intakt bleibt.

Achten Sie darauf, daß Sie nicht exzentrisch bohren, sonst zieht sich die Schraube schräg in das Holz und sitzt schließlich nicht optimal in der Bohrung.

Wenn Sie alles auf beiden Seiten vorbereitet haben, klopfen Sie im letzten Arbeitsgang vorsichtig, ohne das Holz zu beschädigen die Verzinkung zusammen und schrauben den Rundstab ein.

Das Schleifen der Oberfläche wird noch einige Mühe machen, da Cambala beim Hobeln leicht einreißt und so kleine Rißspuren im Holz zurückbleiben, die anschließend herausgeschliffen werden müssen.

Sonst setzt sich im Laufe der Zeit darin durch den täglichen Gebrauch der Schmutz fest und die Oberfläche, besonders die stark beanspruchte Tischplatte, wird dann unansehnlich.

Mit dem Schwingschleifer können Sie zu Anfang

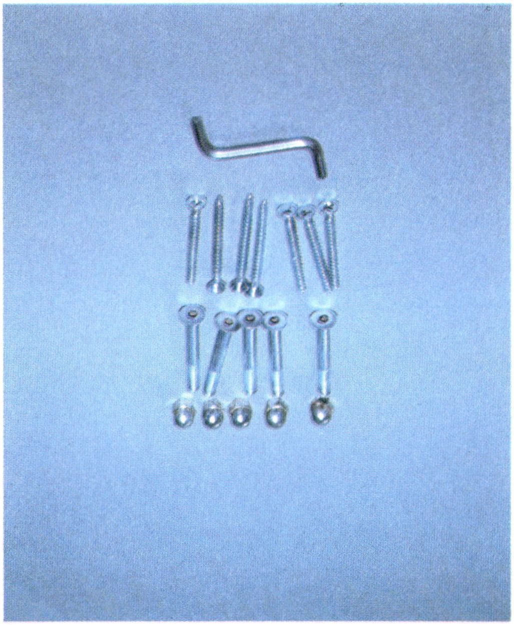

9

10

grobes Papier verwenden, zum Beispiel mit der Körnung 80. Alle groben Fehler in den Oberflächen der Tischplatte und den Seitenteilen schleifen Sie damit heraus.

Da Cambalaholz ätherische Harze eingelagert hat, die uns fremd sind, kann es bei manchen Menschen zu Allergien durch den Schleifstaub kommen.

Wenn Sie dafür besonders empfindlich sind, sollten Sie zu Ihrer eigenen Sicherheit während der Arbeit eine Staubmaske sowie geschlossene Arbeitskleidung tragen und außerdem nichts nebenbei essen und trinken.

Nach dem Grobschliff wird mit feinem Papier (Körnung 100 oder 150) nachgearbeitet.

Scheuen Sie dabei keinen Aufwand, je schöner Sie die Oberfläche Ihres neuen Eßtisches schleifen, desto besser kommt nachher die Behandlung mit dem Mattlack zur Geltung.

10. Vor der Behandlung mit Lack müssen Sie sich entscheiden, ob die Farbe des Holzes verändert werden soll.

Den rotbraunen Ton des Werkstoffs können Sie durch die Behandlung mit Teaköl verstärken. Andererseits kann der Farbton der Oberfläche durch einen Auftrag einer weißschimmernden Beize unterdrückt werden.

Der Überzug mit Mattlack ist unbedingt nötig. Gerade die Tischplatte ist sehr gefährdet, schnell zu verflecken. Bei der Wahl des Lacks sollten Sie auf einen besonders für solche Zwecke entwickelten achten. Der Auftrag mit der elektrischen Spritzpistole ist ideal, wenn Ihnen aber keine zur Verfügung steht, kann auch mit dem Pinsel gearbeitet werden.

Je nach Eigenschaft des Bodens bringen Sie Filzstreifen oder spezielle Möbelnägel an der Unterseite der Seitenbretter an.

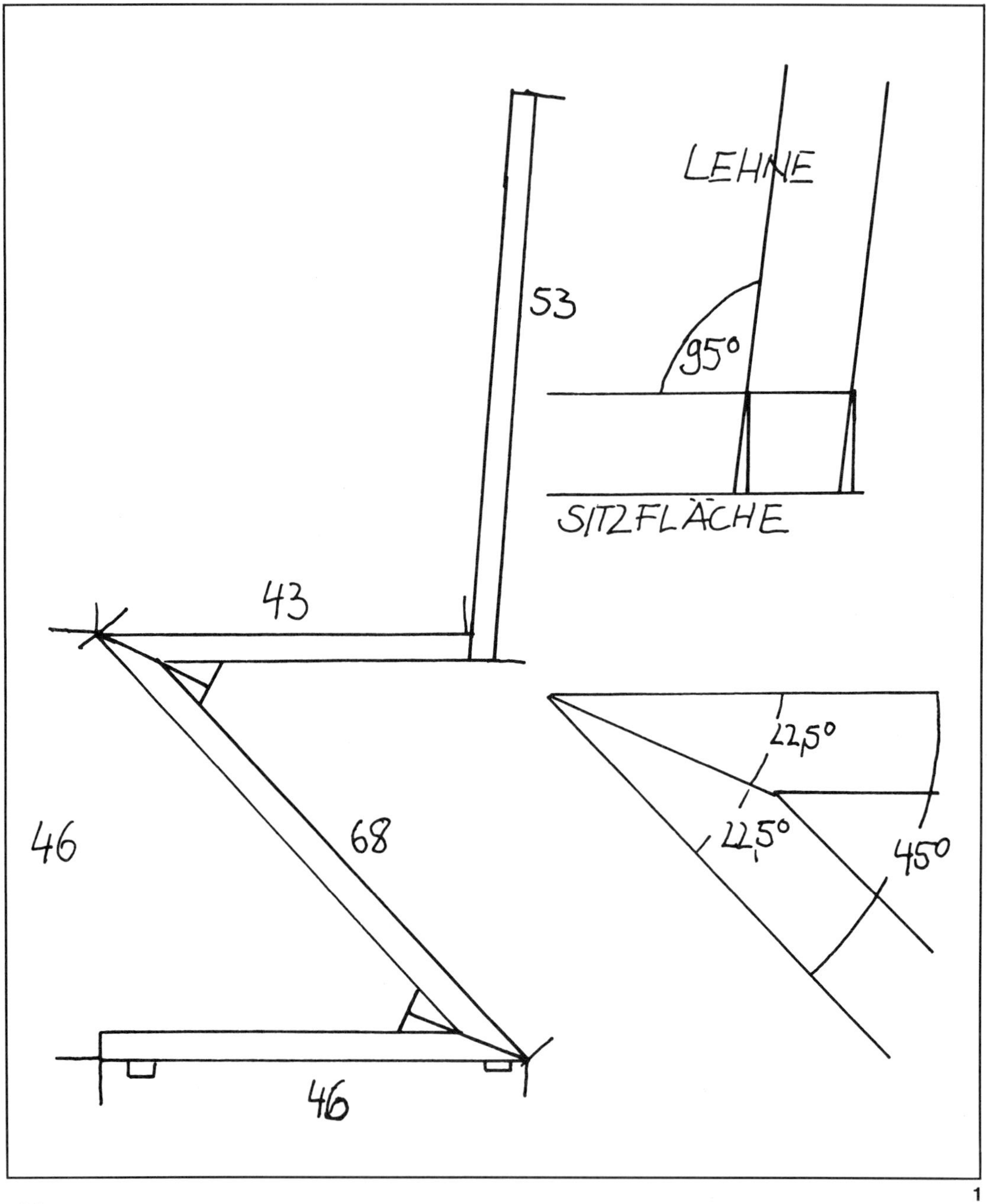
53
LEHNE
95°
SITZFLÄCHE
43
22,5°
22,5°
45°
46
68
46

Wertvoller Stuhl mit extravaganter Form

Material
Cambalaholz:
1 × 53 × 40 × 3 cm
1 × 68 × 40 × 3 cm
2 × 46 × 40 × 3 cm
Inbusschrauben mit Kugelkopfmuttern, Holzleim, Nagelstifte.

Werkzeug

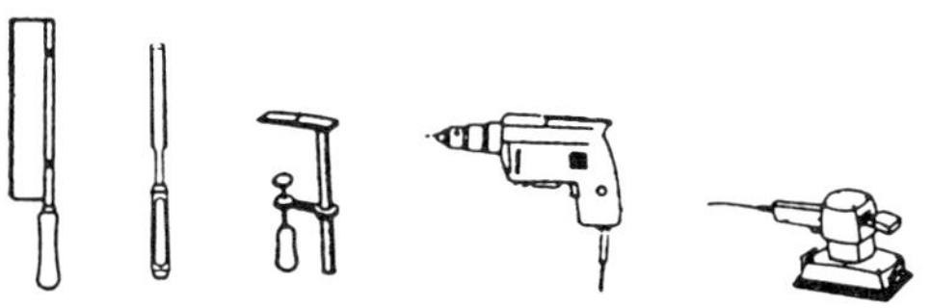

Schwierigkeitsgrad

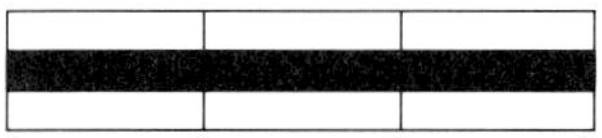

Kraftaufwand

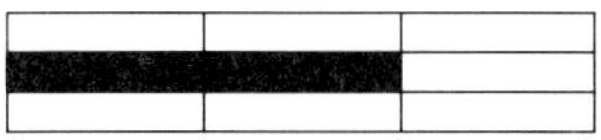

Arbeitszeit
Sie müssen 16 Stunden Arbeitszeit einplanen, wenn Sie diesen Stuhl bauen wollen.

Ersparnis
Es gibt keinen vergleichbaren Stuhl zu kaufen.

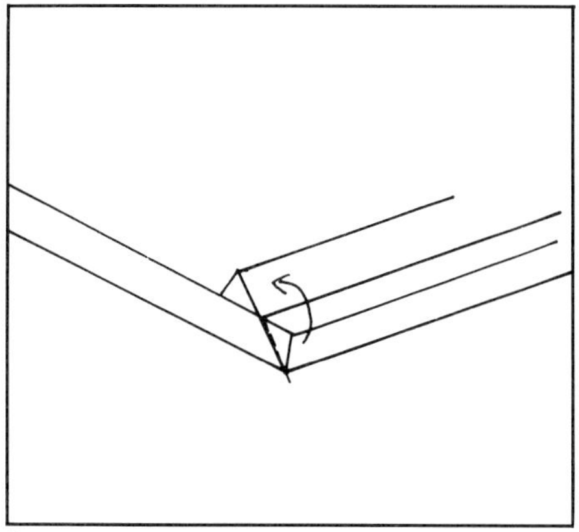

2

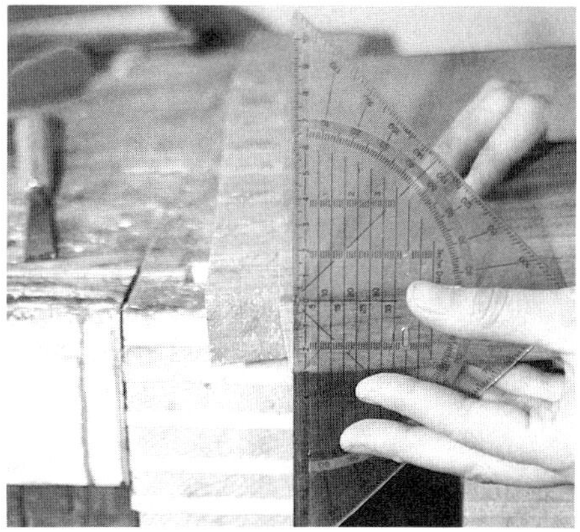

3

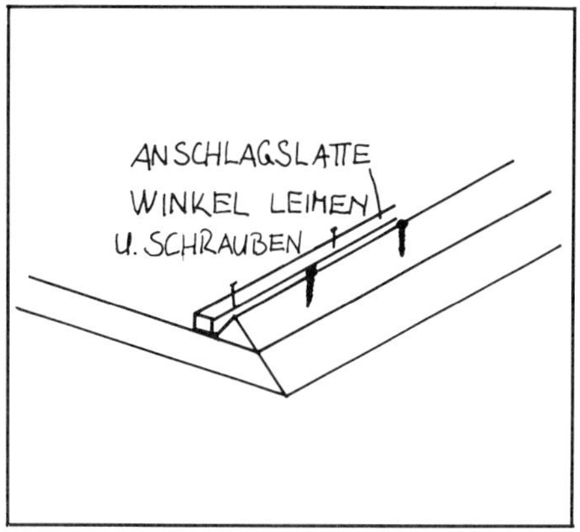

4

5

6

Arbeitsanleitung

1. Der moderne Stuhl mit der Form eines Z wird passend zu dem dazugehörigen Tisch in Cambalaholz gearbeitet. Ganz im Gegensatz zu seinem Aussehen ist er sehr stabil.

Als Grundmaterial verwenden Sie 3,5 cm starke Bretter, die nach dem Hobeln nur noch 3 cm dick sind. Die vorbereitende Schreinerarbeit werden Sie nur bedingt selbst machen können: um die Winkel an den Teilen zu schneiden, ist eine Präzisionskreissäge nötig.

2. Dem Schreiner müssen Sie neben der Stückleiste auch eine Konstruktionszeichnung geben, damit er sich vorstellen kann, wofür Sie die genau geschnittenen Winkel benötigen.

Zuerst wird er die einzelnen Teile ablängen und dann mit einer eigens dafür gebauten Konstruktion die Winkel schneiden. Die dabei abfallenden Teile dürfen Sie nicht wegwerfen, sie werden noch beim Zusammenbau benötigt. Die entstandenen Dreiecksleisten werden gleich als Stütze innerhalb des Winkels verwendet, um den Hebelarm, der auf das Holz Zug und Druck ausübt, zu verkürzen und damit einen Teil der Kraft zu nehmen.

Ihre vorbereiteten Teile holen Sie beim Schreiner ab. Schon beim Transport müssen Sie auf die äußerst empfindlichen Kanten achten, die beim geringsten Stoß ausbrechen und das tadellose Aussehen Ihres Stuhls beeinträchtigen. Am besten ist es, Sie besorgen sich als Schutz während des Transports Polystyrolplatten oder Schaumstoffabschnitte, die Sie über die empfindlichen Kanten kleben. Auch die kleinen Winkelabschnitte müssen sorgfältig behandelt werden, damit sie nicht abbrechen.

3. Bevor die Winkelseiten verleimt und verschraubt werden, müssen Sie für die Befesti-

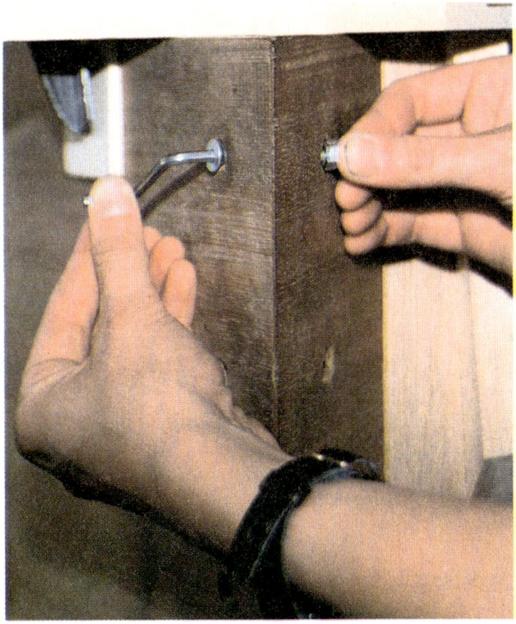

7

8

gungen der Rückenlehne die Zinken und Schwalben einsägen und ausstemmen. Die Schrägstellung der Lehne erreichen Sie durch eine schräge Führung der Zinken. An der oberen Seite der Sitzfläche wird die genaue Holzstärke, 3 cm, an der Sitzflächenunterseite 3,2 cm als Zinkentiefe angezeichnet. Die Zinken arbeiten Sie dann, wie im Grundkurs beschrieben: mit der Feinsäge sägen Sie ein und mit dem Stemmeisen wird schließlich das Holz herausgearbeitet.

Der Unterschied zur senkrechten Verzinkung besteht darin, daß die Stirnholzseite der für die Schwalben ausgestemmten Zwischenräume schräg verläuft, sie bildet einen 98-Grad-Winkel.

4. Die Schwalben zeichnen Sie an, indem Sie die Lehne auf die Zinken halten. Die Verbindung sollte eher streng als zu locker gearbeitet werden. Bevor Sie die fertigen Teile ineinanderstecken, müssen die Winkel verleimt und geschraubt werden.

Dazu legen Sie das zugeschnittene Winkelteil mit der angeschnittenen Seite nach oben vor sich auf die Werkbank. Messen Sie die Breite des Winkelteils von der Schnittstelle nach hinten genau aus. Ziehen Sie mit dem Winkel eine Linie und heften Sie hinter der Linie mit zwei Nägeln eine Leiste an. Der Winkelabschnitt wird jetzt mit Leim bestrichen. Mit drei Schnellschrauben pressen Sie die beiden Teile aneinander. Drehen Sie die Schrauben so weit ein, daß die Köpfe mit der Fläche plan sind und die Auflage der Schrägen nicht stören. Verwenden Sie dünne Schrauben. Und um sicherzugehen, daß das Holz beim Festdrehen nicht gespalten wird, bohren Sie ein kleines Loch vor.

5. Bereiten Sie alle Winkelseiten auf diese Art vor. Nun, nachdem die Stützkeile angebracht sind, werden die Winkel miteinander verschraubt. Dazu haben Sie die 5 cm langen Inbusschrauben besorgt. Auf einer Länge werden fünf Schrauben verteilt. Vom Rand weg halten Sie 4 cm Abstand, dann kommt alle 8 cm eine Schraube.

6. Die Löcher müssen gleich durch beide Teile gebohrt werden, deshalb ist es notwendig, die beiden Teile so gut wie möglich mit Zwingen zusammenzuhalten, damit sie während des Bohrvorgangs nicht verrutschen.

Dazu werden schräg geschnittene Beilegeklötze befeuchtet (um die Reibung zu erhöhen) und auf die äußere Kante des Stuhls gelegt. Dann ziehen Sie mit Zwingen an. Gelingt Ihnen dies nicht absolut sicher, können Sie auch zu einem Trick greifen und die Teile mit Nagelstiften zusammenheften. Diese werden später wieder herausgezogen, deshalb dürfen Sie sie nicht ganz einschlagen. Die entstandenen Löcher befeuchten Sie nachher mit etwas Wasser, dann quellen die Zellen wieder auf und schließen die Einschläge.

Die Bohrmaschine halten Sie senkrecht zur Sitzfläche und bohren durch beide Teile durch. Verwenden Sie dazu einen 5-mm-Bohrer. Damit Sie mit dem Bohrer nicht ausrutschen, arbeiten Sie mit einem Körner vor. Für den Schraubenkopf wird mit dem Gratschneider eine Vertiefung geschaffen, so daß der Kopf der Schraube genau mit der Sitzfläche abschließt.

Für die Kugelkopfmutter auf der anderen Seite müssen Sie das Loch auf eine kurze Strecke etwas vergrößern.

7. Bereiten Sie zuerst die beiden äußeren Löcher vor, schrauben Sie die Teile zusammen und arbeiten Sie dann weiter. So haben Sie einen besseren Halt, als wenn Sie Zwingen oder Nägel verwenden. Jetzt können Sie in Ruhe die weiteren drei Verschraubungen vorbereiten und die Schrauben eindrehen.

8. Um die Teile zu verleimen, werden die Schrauben nochmals herausgedreht und die Flächen satt mit Leim bestrichen. Alle Schrauben drehen Sie wieder ein und ziehen sie gleichmäßig an. Der überschüssige, herausquellende Leim wird mit einem feuchten Lappen sofort abgewischt. Mit der zweiten zu verschraubenden Fläche verfahren Sie anschließend genauso.

Bis der Leim angezogen hat, sollten Sie den Stuhl auf der Seite liegend trocknen lassen, damit die Flächen nicht vorzeitig belastet werden.

Die Lehne können Sie danach ebenfalls einleimen. Sie hält, wenn Sie die Verzinkung nur ausreichend streng passend angelegt haben, auch ohne Zwingen.

An dieser Stelle ist es besonders wichtig, den Leim sorgfältig zu beseitigen. Sonst entstehen dort Glanzstellen, wo der Leim in das Holz eintrocknet. Diese sind nur sehr schwer zu beseitigen, da hier nicht mehr mit Schleifpapier gearbeitet werden kann. Auf der Bodenplatte werden noch vier Metallnägel oder Filz angebracht, damit der Stuhl besser rutscht.

Metallnägel sind für Holz- und Teppichböden geeignet, bei Stein- oder Fliesenboden empfiehlt es sich, Filzscheiben zu verwenden.

Wenn Sie vorne zwei Nägel mit Gummibeilage einschlagen, hinten diese aber nicht verwenden, erreichen Sie, daß die Sitzfläche eine Neigung nach hinten bekommt, was beim Sitzen sehr angenehm ist.

Die Oberflächenbehandlung wird, wie schon in der Arbeitsanleitung des modernen Tischs beschrieben, ausgeführt. Wollen Sie die beiden Möbel nicht zueinander stellen, kann natürlich jede andere Bearbeitung gewählt werden.

Viele werden anfangs den Stuhl recht skeptisch betrachten. Aber Sie werden sich wundern, wie bequem und haltbar diese doch sehr ungewöhnliche Konstruktion ist.

Auch auf dieser unkonventionellen Konstruktion sitzen Sie sehr bequem

Eine lustige Marionette

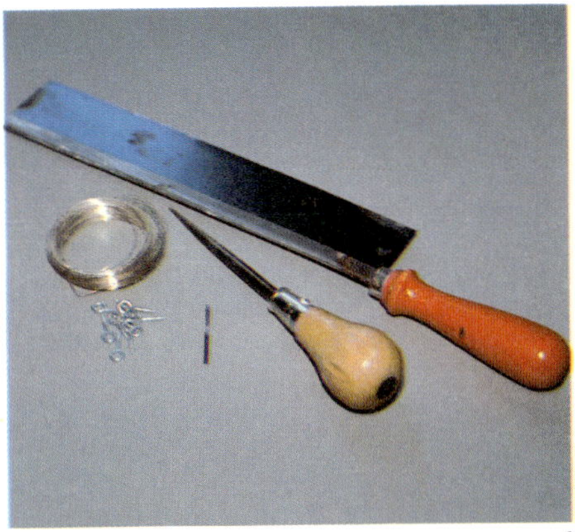

1

2

3

Material

Zirbel- oder Lindenholz, etwas Silberdraht, Schraubösen

Werkzeug

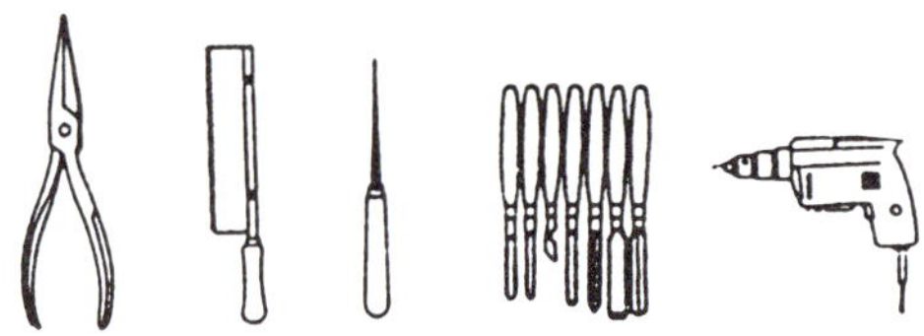

Schwierigkeitsgrad

Kraftaufwand

Arbeitszeit

Je nach Geschicklichkeit benötigen Sie 20 – 25 Stunden.

Ersparnis

Gegenüber einer gekauften Marionette sparen Sie 450 DM.

Arbeitsanleitung

1. Neben dem Schnitzwerkzeug benötigen Sie nur noch die Feinsäge, einen Dorn, Schraubösen und etwas Silberdraht.

2. Zuerst sägen Sie für alle benötigten Teile wie Kopf, Körper, Ober- und Unterarme, Ober- und Unterschenkel die Rohlinge zu. Um während des Schnitzens das Werkstück besser halten zu können, geben Sie an Armen, Beinen und Kopf noch 2 bis 3 cm zu. Einspannen können Sie diese Teile erst ab einer bestimmten Größe. Marionettenpuppen, die zwischen 30 und 50 cm hoch sind, müssen Sie während des Schnitzens in der Hand halten. Da die Teile zu oft gedreht werden müssen, ist das Einspannen in der Hobelbank eher hinderlich als eine Erleichterung. Wenn Sie das Werkstück mit der Hand halten, besteht natürlich die Gefahr, daß Sie sich verletzen.

3. Schneiden Sie immer von sich weg und halten Sie das Werkstück so, daß Sie sich, wenn Sie abrutschen sollten, nicht in den Finger schneiden. Das Werkstück zu halten ist mit der Zeit sehr anstrengend und erfordert einiges an Kraft. Erleichtern können Sie sich die Arbeit, indem Sie immer mit sehr gut schneidenden Eisen arbeiten. Klemmen Sie für bestimmte Schnitte, die ausgeführt werden, einen Klotz Linden- oder Zirbelholz (jedenfalls Weichholz) zwischen die Backen der Hobelbank und verwenden Sie dies als Stütze. Das Werkstück können Sie auf den Klotz auflegen und fest dagegenstemmen. Wenn Sie nun abrutschen, stechen Sie in das Holz – und das fängt den Schwung sofort ab.

4. Am leichtesten schnitzen Sie in Zirbelholz. Wenn Sie die Marionette später zum Spielen verwenden wollen, sollten Sie allerdings Lindenholz verwenden. Zirbel ist dafür zuwenig widerstandsfähig. Bei Lindenholz bricht ein Fuß oder ein Finger nicht so schnell ab.

5.–6. Beginnen Sie mit dem Schnitzen der Füße, das fällt Ihnen wahrscheinlich am leichtesten. Da können Sie auch Ihr Gefühl für plastische Formen erproben.

Zuerst zeichnen Sie sich von vorne die Umrißlinie des Fußes an. Wollen Sie die Marionette anschließend bekleiden, ist es nicht nötig, den Fuß oberhalb des

4

5

6

7

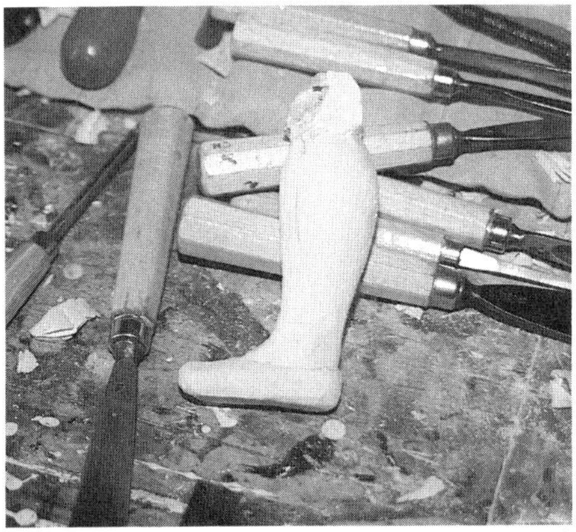
8

9

Knöchels auszuarbeiten. Ob Sie den Fuß mit Zehen, also barfuß, schnitzen oder einen Schuh herausarbeiten wollen – die Anfangsschritte bleiben beide Male die gleichen. Der Knöchel muß schmaler geschnitten werden, der Fuß nach vorn flach und schräg zulaufend.

7.–9. Wenn die Fußform grob angelegt ist, können Sie sich entscheiden, ob Sie durch ein paar einfache Schnitte den angedeuteten Schuh vom Fuß absetzen wollen, indem Sie mit einer scharfen Kante am oberen Rand und mit einem feinen Bohrer die Schuhsohle und eventuell Absätze andeuten.

Dann ist der Fuß bereits fertig. Es bleibt Ihnen überlassen, ob Sie die Oberfläche schleifen oder ob Sie die Schnitzspuren stehenlassen.

Arbeiten Sie den Fuß noch weiter heraus, so müssen Sie jetzt die Einteilung der Zehen vornehmen und den Fuß insgesamt noch dünner und feiner arbeiten. Zeichnen Sie sich zuerst die Einteilung vor und kontrollieren Sie nochmals alles, bevor Sie mit dem Geißfuß die Linien herausarbeiten. Beim Modellieren der Zehen kommt es sehr auf die sensible Eisenführung an.

Wollen Sie extreme Darstellungen wie zum Beispiel hochstehende Zehen oder besonders knochige Fußgelenke, sollten Sie nicht entmutigt sein, wenn dies nicht das erstemal gelingt. In solchen Fällen ist es oft eine große Hilfe, wenn Sie den Fuß oder was sonst immer geschnitzt werden soll, zuerst in Ton oder Modelliermasse ausformen. Dann können Sie während des Schnitzens immer das Holzstück mit dem Modell vergleichen und sich Ihrer Vorstellung nähern.

10.–12. Die nächsten Teile der Figur, die jedem etwas mehr Schwierigkeiten bereiten werden, sind die Hände. Meist wird eine möglichst neutrale Handhaltung gewählt, die sich beim Spiel in verschiedenen Situationen gleich überzeugend einsetzen läßt.

Dafür verwendet man meist leicht gebogene Finger mit einem anliegenden oder leicht abgespreizten Daumen. Ausgehend von der grob zugerichteten Rohform führen Sie dieselben Arbeitsschritte durch wie bei der Arbeit an den Füßen. Zeichnen Sie die Umrißlinien und arbeiten Sie danach.

10

11

12

13

14

15

16

17

18

Arbeiten Sie immer die ganze Form heraus und vermeiden Sie es, sich in Details zu verbohren. Gerade einem Anfänger passiert es leicht, daß er einen Finger mit dem Fingernagel schon vollkommen fertig macht und den Rest noch grob oder gar nicht angelegt stehen läßt.

13.–15. Die Ausarbeitung der Finger erfolgt erst dann, wenn der Arm bis zum Ellenbogen in Größe und Stärke angelegt ist. In der Arbeitsanleitung wird die Gestaltung einer recht naturalistischen Hand gezeigt, die Verfremdung bleibt ganz Ihrer Phantasie überlassen.

16. Die schwierigste Arbeit, das Schnitzen des Kopfes, nehmen Sie zuletzt in Angriff. Wenn Ihnen das Arbeiten in der Hand schwerfällt, können Sie am Hals des Rohlings einen starken Dübel befestigen oder mehr Holz stehenlassen. Damit können Sie dann den Kopf einspannen. Mit der Laubsäge oder der Stichsäge haben Sie bereits grobe Umrißlinien herausgearbeitet, bevor Sie zu schnitzen beginnen.

Wenn Sie sich dafür entscheiden, für die Haare Wolle, Kunsthaar oder gar eine Perücke zu verwenden, ist die Gestaltung um einiges einfacher. Dann haben Sie nur die Kopfform anzulegen und brauchen keine Locken, kurzes oder langes Haar mehr zu berücksichtigen.

17.–18. Beim Kopf legen Sie zuerst nur die Umrißlinien an, ohne Augen, Nase und Mund besonders auszuarbeiten. Dann gehen Sie daran, eine grobe Einteilung des Gesichts vorzunehmen. Wenn Sie sich bezüglich der Proportionen unsicher sind, versuchen Sie zuerst ein paar Skizzen zu machen. Die Proportionen eines klassischen Profils sind für unsere Zwecke jedoch zu streng und unpersönlich.

Es kommt nun auf Ihre Phantasie an. Scheuen Sie sich nicht vor Überzeichnungen, wie sie auch ein Karikaturist einsetzt, indem Sie beispielsweise Nase oder Ohren überbetonen. Sie werden sehen: Wenn Sie so experimentieren, ist ein ganzes Repertoire von Persönlichkeitsmerkmalen herauszuarbeiten.

19.–23. Ist dies Ihr erster Versuch einer figürlichen Schnitzerei, arbeiten Sie so einfach wie möglich. Stilisieren Sie die Gesichtszüge. Mit der Zeit wird Ihnen auch eine schwierigere Gestaltung gelingen.

19

20

21

22

23

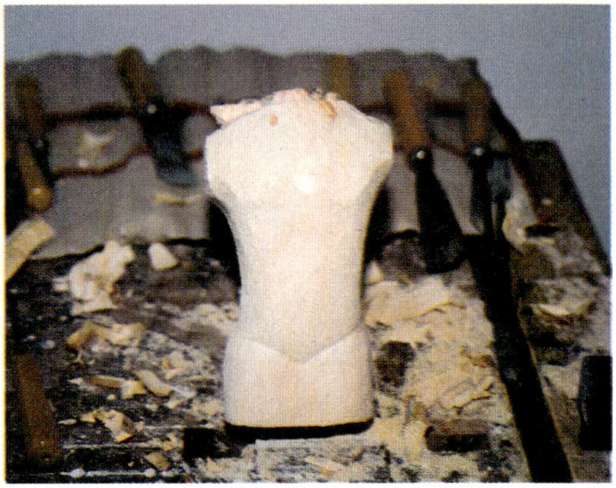
24

25

26

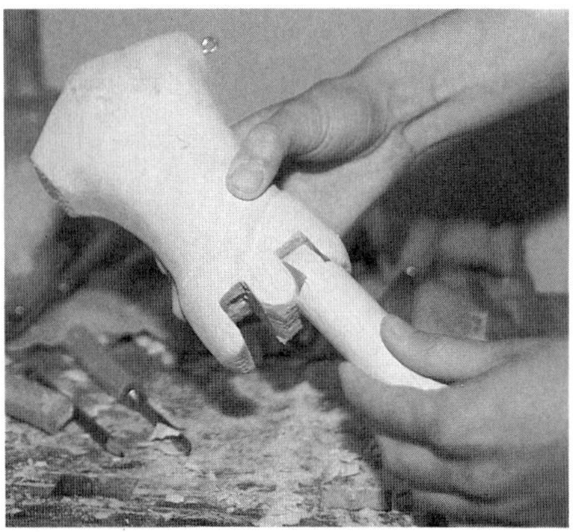
27

Wenn Sie mit der Ausarbeitung der Gesichtszüge beginnen, schnitzen Sie mit dem Bohrer und dem Geißfuß. Dann haben Sie die Möglichkeit, immer wieder die Formen in einem gewissen Maß zu ändern. Vermeiden Sie es, Formen mit einem Flacheisen oder einem Hohleisen abzustechen, bevor der endgültige Ausdruck des Gesichts feststeht.

24. Sind die Grundzüge des Gesichts ausgearbeitet, müssen diese markant mit einigen scharfen Schnitten versäubert werden. Dazu benötigen Sie vor allem feine schmale Eisen, die gut geschliffen sind.

Die wichtigsten Teile der Figur sind jetzt fertig geschnitzt. Der Körper und die Verbindungsglieder, Oberarme, Unterarme und Oberschenkel müssen jetzt gearbeitet werden. Es gibt natürlich viele Möglichkeiten, eine Marionette zusammenzubauen. Die hier gezeigte Methode ist nur ein Vorschlag, wie dies vor sich gehen könnte. Die Puppe kann komplizierter, aber auch noch einfacher zusammengebaut werden.

25. An die Arme wurde gleich eine Kugel angeschnitzt, die jetzt mit einer passenden Höhlung im Unterarm ein nach allen Seiten drehbares Gelenk bildet.

26. Das Ellenbogengelenk wird wie eine Schlitz-Zapfen-Verbindung gearbeitet, genauso das Kniegelenk. Durch beide Teile bohren Sie ein feines Loch, durch das Sie einen Silberdraht ziehen. Zusammengehalten werden die beiden Teile durch einen Gummifaden, der stark gespannt mit einer kleinen Schraube zuerst an der Hand, dann am Unterarm befestigt wird.

Die Oberarme befestigen Sie am Körper mit Ringschrauben. Für den Kopf wird ein Loch gebohrt, so daß der Hals hineinpaßt. Wieder hält ein Gummifaden die Teile beweglich zusammen.

27. Für die Beine wurde hier ebenfalls eine Schlitz-Zapfen-Verbindung geschaffen, da dies bei einer nicht bekleideten Puppe hübscher aussieht. Genausogut können die Beine auch mit Ringschrauben befestigt werden.

Die Bekleidung und Ausarbeitung der Marionette, eventuell auch eine Bemalung, kann ganz nach eigenen Vorstellungen vorgenommen werden.

Schalen und Dosen drechseln

Material
Linde, Erle, Ahorn, Zirbel oder Weymouthskiefer, etwa 6 – 12 cm stark.

Werkzeug

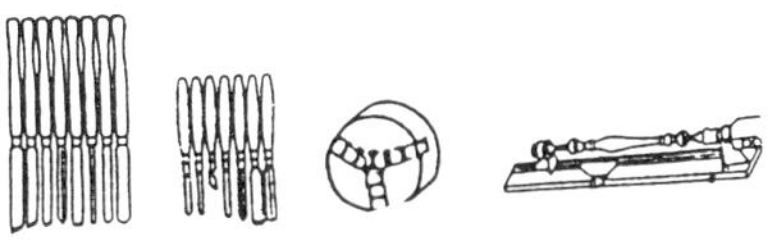

Schwierigkeitsgrad

Kraftaufwand

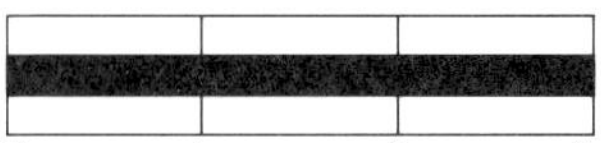

Arbeitszeit
Je nachdem wie geschickt Sie sind, benötigen Sie 2 – 4 Stunden pro Schale.

Ersparnis
Je nach Größe des Werkstücks sparen Sie 80 – 100 DM.

1

2

3

4

5

6

7

8

Bei einer Schale müssen sowohl Ober- wie auch Unterseite gedrechselt werden. Damit Sie das auf einer Seite schon fertig bearbeitete Stück nochmals einspannen können, müssen Sie die Unterseite mit einem kleinen Steg drehen, an dem dann das Holz wieder eingespannt werden kann.

Die Schwierigkeit ist, daß diese Konstruktion so fest halten muß, daß die Bearbeitung an der anderen Seite möglich ist, gleichzeitig aber die fertig bearbeitete Seite nicht durch Druckstellen oder gar durch Schraubenlöcher wieder verletzt werden soll.

Es gibt mehrere Möglichkeiten zur Lösung. Die für den Anfänger sicherste und leicht zu bewältigende Art ist die Verwendung des Dreibackenfutters, so wie es hier auch beschrieben und abgebildet ist. Der Vollständigkeit halber sei noch die Methode erwähnt, die ein Drechslermeister verwendet: Er dreht zuerst ein Futter, indem er in einem runden Brett, das auf dem Aufschraubfutter befestigt ist, eine Vertiefung schafft, die denselben Durchmesser wie der Steg am Schalenboden hat. An den Schalenboden wird nun dieser Rand gearbeitet, und zwar so genau zu dem Futter passend, daß beide Teile gegen einigen Widerstand ineinander zu drücken sind. Die Schale kann bearbeitet werden.

Die beiden Hölzer sitzen so streng aneinander, daß die Schale bei der Bearbeitung der Innenseite nicht durchdreht. Bei dieser Methode muß so genau gearbeitet werden, daß ein Anfänger ohne fachmännische Hilfe nicht zurechtkommt. Zuerst werden Größe und Tiefe der Schale bestimmt. Natürlich ist die Arbeit um so schwieriger, je größer und tiefer die Ausführung sein soll. Zu Anfang sollten Sie sich an kleineren Schalen oder Tellern versuchen.

Arbeitsanleitung

1. Das Holz wird möglichst genau vorbereitet, die Stärke und die Rundung sägen Sie mit einer Zugabe von 0,5 cm zu. Dazu kann bei schwachem Holz die Stichsäge, bei stärkerem Holz muß die Bandsäge verwendet werden. Je genauer Sie diese Arbeiten durchführen, desto weniger unrund läuft das Holz dann auf der Drehbank und desto leichter ist die Bearbeitung.

2.–3. Die Seite, die zuerst am Aufschraubfutter befestigt wird, muß ganz plan gehobelt sein. Das Futter schrauben Sie mit dem mittleren Loch über dem Mittelpunkt des Holzes an.

Die Werkzeugauflage muß in der richtigen Höhe, wenig unterhalb des Mittelpunkts, eingestellt werden. Bevor Sie die Maschine einschalten, stellen Sie sicher, daß das Werkstück nicht an der Auflage anschlägt. Den Motor schalten Sie auf die niedrigste Geschwindigkeit.

Zuerst wird die Seitenfläche geschruppt, bis sie ganz rund ist. Schalten Sie den Motor immer wieder ab, um nachzusehen, ob alle Stellen schon bearbeitet sind. Anschließend wird auch die Vorderseite plan gedreht.

4. Ist das Werkstück von beiden Seiten rund hergerichtet, beginnen Sie mit der Bearbeitung der Unterseite. Mit dem Zirkel messen Sie den Radius für den unteren Rand ab und zeichnen ihn im Holz an, indem Sie mit der Zirkelspitze stark in das Holz einstechen.

5. Mit dem Abstechbeitel wird neben der eingeritzten Linie eingestochen und das Holz auf 1 cm Tiefe weggenommen.

6.–8. Haben Sie den Rand abgesetzt, beginnen Sie die Außenfläche der Schale zu bearbeiten. Dazu verwenden Sie die große Schrupppröhre und die kleine Formenröhre. Nehmen Sie bei jedem Schruppschnitt nur wenig Holz weg. Dann brauchen Sie zwar zu diesem Arbeitsabschnitt länger, es ist aber sicherer, das Holz reißt nicht so schnell ein.

Sie werden auch bemerken, daß Holzarten wie Linde, Erle, Ahorn oder Obsthölzer, die eine feste Holzstruktur haben, zwar mehr Kraft und Zeit zur Bearbeitung erfordern, das Werkstück aber weniger schnell einreißt.

Weiche Holzarten wie Zirbel oder Weymouthskiefer sind gut und schnell zu bearbeiten. In der lockeren Holzstruktur aber fängt sich das Eisen viel schneller, und oft bricht dann ein Stück Holz heraus. Die ersten Male werden Sie über diesen kurzen, harten Schlag auf das Werkzeug erschrecken. Wenn der Motor auf langsamer Geschwindigkeit läuft, ist dies aber keine Gefahr.

9. Nach dem Abschruppen muß die Außenseite fertig bearbeitet werden, da nach dem Umspannen nur mehr

9

10

11

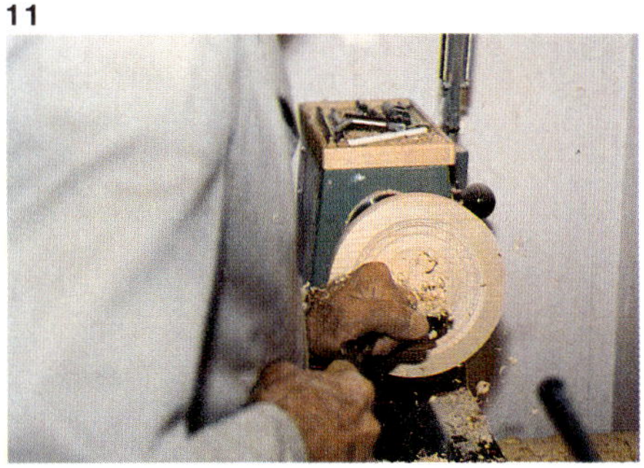

12

13

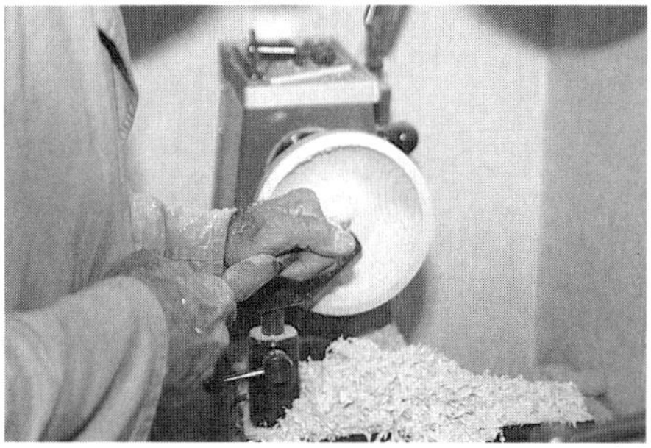
14

15

16

die Höhlung ausgedreht wird. Mit dem Schlichtbeitel glätten Sie die Oberfläche. Der bis jetzt nur als Platte abgesetzte Rand wird noch so ausgearbeitet, daß ein Ring von ungefähr 1 cm Breite entsteht. Dazu verwenden Sie zuerst wieder den Abstechbeitel und bearbeiten dann mit der Schrupprröhre die Fläche. Nachdem auch diese Stelle noch geglättet ist, wird die ganze Seite mit Schleifpapier geschliffen.

10. Um die Innenseite zu bearbeiten, nehmen Sie das Werkstück vom Aufschraubfutter und spannen es in das Dreibackenfutter. Dabei ist es sehr wichtig, daß Sie darauf achten, die Schale möglichst in die Mitte zu bekommen. Schalten Sie die Maschine immer wieder kurz ein, um zu sehen, in welche Richtung Sie korrigieren müssen. Minimale Ausschläge werden mit einem kurzen Schlag mit dem Hammer (Beilegeholz nicht vergessen!) korrigiert, stärkere Abweichungen müssen durch nochmaliges Einspannen ausgeglichen werden.

11.–12. Die Werkzeugauflage stellen Sie so ein, daß sie ganz nahe an die vordere Fläche reicht, wieder wenig unterhalb der Mitte. Anfangs kann noch mit der Schrupprröhre 1 bis 2 cm tief das erste Material herausgearbeitet werden. Bleiben Sie mit der Schneide immer in der Höhe der Drehachse und legen Sie die Röhre fest auf die Auflage. Stellen Sie das Werkzeug nicht zu steil, sonst reißt das Holz ein. Richten Sie die Auflage gleich wieder neu ein, sobald Sie einiges an Material herausgearbeitet haben. Gehen Sie so nahe wie möglich an das Holz heran.

13.–15. Ab einer gewissen Tiefe können Sie nicht mehr mit der Röhre arbeiten, Sie müssen dann den Ausdrehstahl verwenden. Er hat vorne eine abgerundete Schneide, so daß Sie damit auch an den Rändern steil abwärts schneiden können. Langsam drehen Sie die Schale so aus.

Wenn Sie besonders tiefe Schalen drehen wollen, benötigen Sie eine speziell abgerundete Werkzeugauflage, mit der Sie nahe genug an die zu bearbeitende Stelle herankommen. Dann ist die Hebelwirkung auf das Werkzeug nicht mehr so groß. Mit der geraden Auflage ist es wichtig, darauf zu achten, daß das Werkzeug mit

17

der einen Hand ganz hinten fest umfaßt wird, und so die Kraft, mit der Sie das Eisen nach unten drücken, ausgeglichen wird. Deshalb hat der Ausdrehstahl auch einen besonders langen Griff.

16. Natürlich wird die Schale um so schöner, je dünner Sie die Wände ausdrehen können. Versuchen Sie, dies auch gleichmäßig zu tun. Mit dem Auge ist zwar nicht zu erkennen, ob die Schale überall gleich stark ist, mit der Hand spürt man aber sofort jede Unregelmäßigkeit.

Ein weiterer Vorteil einer dünnen Verarbeitung ist das geringe Gewicht der Schale.

Mit dem Ausdrehstahl bearbeiten Sie also die Innenseite, bis Sie mit der Form zufrieden sind. Ist das Werkzeug gut geschliffen, dann ist auch die Oberfläche schon so geglättet, daß Sie nur noch mit dem Schleifpapier arbeiten müssen.

Zuerst wird wieder mit grobem Papier (Körnung 80), dann, je nach Holzart, mit immer feinerem geschliffen. Beim Schleifen schieben Sie die Werkzeugauflage etwas zur Seite, damit Sie sich nicht so leicht die Finger einzwicken können, wenn Sie vom Werkstück einmal abrutschen. Das Schleifpapier drücken Sie immer an der unteren Ihnen zugewandten Seite an.

Um die Oberfläche besonders fein zu gestalten, kann die Schale mit den eigenen Holzspänen abgerieben werden. In dem fein zerspannten Holz löst sich durch die Reibungswärme das Harz und legt sich an der Schale an.

17. Nach dem Schleifen ist die Schale fertig und Sie können sie ausspannen. Die vorgestellte Technik ist auch für Dosen geeignet. Eventuelle kleine Druckstellen vom Dreibackenfutter werden mit etwas Wasser herausgezogen. Nach einigen Übungsversuchen können Sie vielleicht schon einen Versuch mit dem beschriebenen Einschlagfutter starten.

Gedrechselte Teller, Schalen und Leuchter vollenden eine rustikale Einrichtung

Überzeichnungen verleihen der Gliederpuppe Individualität

Versilberter und oxidierter Rahmen